《淮南子》法治思想研究

淮南市司法局
淮南市法宣办　编著

合肥工業大學出版社

图书在版编目(CIP)数据

《淮南子》法治思想研究/淮南市司法局,淮南市法宣办编著．—合肥:合肥工业大学出版社,2018.1

ISBN 978-7-5650-3697-2

Ⅰ.①淮… Ⅱ.①淮… Ⅲ.①杂家—中国—西汉时代②《淮南子》—研究③法律—思想史—研究—中国—先秦时代 Ⅳ.①B234.4②D909.22

中国版本图书馆 CIP 数据核字(2017)第 294467 号

《淮南子》法治思想研究

淮南市司法局
淮南市法宣办 编著

责任编辑 陆向军 何恩情

出 版	合肥工业大学出版社		版 次	2018 年 1 月第 1 版
地 址	合肥市屯溪路 193 号		印 次	2018 年 1 月第 1 次印刷
邮 编	230009		开 本	710 毫米×1010 毫米 1/16
电 话	综合编辑部:0551-62903028		印 张	10
	市场营销部:0551-62903198		字 数	143 千字
网 址	www.hfutpress.com.cn		印 刷	安徽昶颉包装印务有限责任公司
E-mail	hfutpress@163.com		发 行	全国新华书店

ISBN 978-7-5650-3697-2 定价:32.00 元

前　言

党的十九大报告指出，全面依法治国是中国特色社会主义的本质要求和重要保障，坚定不移走中国特色社会主义法治道路，建设社会主义法治国家，发展中国特色社会主义法治理论，坚持依法治国、依法执政、依法行政共同推进，坚持法治国家、法治政府、法治社会一体建设，坚持依法治国和以德治国相结合。党的十九大报告为社会主义法治建设指明了方向，确定了目标。

淮南作为正在发展中的地区，文化底蕴丰厚，有着丰富的历史文化资源，这些文化瑰宝中蕴含的积极思想和观点为今天的法治建设提供重要资料和启示。《淮南子》作为千古奇书，包含着诸多的法治思想和治理思想，多数篇章在思想上传承了黄老学派积极入世的理念，在很大程度上强调了仁、义、礼、法在治理国家、维护社会秩序方面具有不可忽视的作用，弱化了道家无为思想消极因素的影响，从新道家的立场出发，对先秦诸子百家理论进行理性批判、总结和归纳，尝试性地提供了契合时代需要的治国方略。以法家思想为本源和理论依据，但是并没有对法家思想进行全盘继承和吸收，而是批判地吸纳其合理成分，并且形成了独树一帜的法律思想。

《淮南子》强调立法、执法都要秉承公正无私的理念，坚持平等执法的进步主张；与此同时，重新拾起了民本思想，它的法律思想蕴含民本主义的基因。虽然它的法律思想本质上也是为君主服务的，但它着力强调了法律制度符合民众利益的一面，创造性地提出“赏罚为国”的进步思想等，这些思想至今仍闪烁着智慧的光芒。法治和治理思想对当今中国社会治理有着重要的启示意义。

《淮南子》犹如一座富矿，蕴含的诸多有价值、有意义的东西，值得我们重视、归纳和研究，基于此，我们组织了专家学者就《淮南子》中的法治和治理思想进行研究，本书就是研究过程中取得的一些成果。我们深知，《淮南子》内涵丰富，这些研究只是对《淮南子》法治思想和治理思想的初步探索，今后仍需要继续努力，加以补充和完善。

作　者

2018 年 1 月

目 录

第一章 《淮南子》“以道统法”的法律观及现时意义 …………… (1)
一、“以道统法”的法律观 ……………………………………… (2)
（一）重在“功用”的“道” …………………………………… (2)
（二）重在“统法”的“道” …………………………………… (3)
二、“合道通德”的治理观 ……………………………………… (4)
（一）合乎法治的“无为” …………………………………… (4)
（二）合乎道义的“无为” …………………………………… (4)
（三）合乎规律的“无为” …………………………………… (5)
三、“法生于义”的立法观 ……………………………………… (6)
（一）立法依据的思想是“法生于义”“发于人间” ……… (6)
（二）立法形式的观念是“大乐必易”“大礼必简” ……… (7)
（三）立法内容的观念是“与化推移”“与时而变” ……… (8)
四、“平而不阿”的执法观 ……………………………………… (9)
（一）“平而不阿”的公正执法观 …………………………… (9)
（二）“待圣而治”的贤人执法观 …………………………… (10)
（三）“尊卑同治”的平等执法观 …………………………… (11)
五、“言事究于法”的权力观 …………………………………… (12)
（一）“言事究于法”的用权思想 …………………………… (12)
（二）“赏罚为国”的用权思想 ……………………………… (12)
结 语 ……………………………………………………………… (13)

第二章 《淮南子》治理之道——无为而治 ……………………… (15)
一、无为之道——无为治之本，有为理之术 ………………… (16)
（一）“无为”是道之根本 …………………………………… (17)
（二）“无为之治”价值皈依——圣人为之谋，万物归之 ……… (17)
二、法律之道——人主之准绳，无私正曲直 ………………… (18)
（一）法者，天下之度量，人主之准绳——工具主义的法律观
…………………………………………………………………… (19)

（二）公正不阿，轻重有别的执法观 ………………………………（19）
三、用人之道——任能称其事，人物得其宜 ……………………（20）
（一）“力胜其任，能称其事”的选人观 ……………………（20）
（二）人得其宜，物得其安…………………………………………（21）
四、权势之道——人主之车舆，人臣之辔衔 ……………………（22）
（一）权势在治理国家中的作用——人主之车舆，人臣之辔衔 …（22）
（二）治民和规制臣下之策——“严然玄默，赏惩有别” ………（22）
五、治吏之道——言事究于法，为行治于官 ……………………（24）
（一）“言事究于法，为行治于官”的言行观 …………………（24）
（二）“贵其不为非”的做事观和“毋曰弗求，毋曰不争”的名利观 ……………………………………………………………（24）

第三章 《淮南子》治国理民之要术——权 ……………………（26）
一、权的内涵和功用 …………………………………………（27）
（一）权衡和权势…………………………………………………（27）
（二）权衡和权势各自的价值和功用…………………………（28）
二、权而用其长——实用主义权衡观 …………………………（29）
（一）人皆有之——人之情莫不有所短…………………………（29）
（二）选才任贤之道——重大略轻小节，权而用其长…………（29）
（三）识人预事之道——观小节知大体…………………………（31）
（四）权衡论事——策、礼、法与时而变…………………………（31）
三、知权、行权、限权——对权力的设计与期待 ………………（33）
（一）知权——认识权力…………………………………………（33）
（二）行权——圣人行权…………………………………………（34）
（三）限权——规制权势…………………………………………（34）

第四章 《淮南子》的辩证思想 ……………………………（36）
一、有所为，有所不为，才能有所大为 ………………………（37）
二、有所变，有所不变，才能应对万变 ………………………（39）
三、有所争，有所不争，才能争之能胜 ………………………（40）
四、有所治，有所不治，才能顺乎民生 ………………………（41）

第五章 《淮南子》用人思想与柏拉图的用人观 ……………（43）
一、柏拉图与“哲学王” ……………………………………（44）
二、《淮南子》与“圣人” ……………………………………（46）
三、“英雄所见略同” …………………………………………（47）

第六章　《淮南子》法律思想与法家思想 …………………………（51）
一、《淮南子》思想和法家思想的形成及其影响 ……………………（52）
（一）《淮南子》思想的形成及其影响 ………………………………（52）
（二）法家思想的产生及其影响 ……………………………………（54）
二、《淮南子》中法律思想与法家思想的相同之处 ………………（55）
（一）两者的表达目的相同，道、法家思想相互交融 ……………（55）
（二）两者都主张法与时变、礼与俗化的思想 ……………………（56）
（三）两者在法律特性方面表现相似 ………………………………（58）
三、《淮南子》中法律思想与法家思想的区别之处 ………………（59）
（一）两者理论基础不同 ……………………………………………（59）
（二）追求目标不同 …………………………………………………（63）
（三）思想内容表达不同 ……………………………………………（66）

第七章　和谐语境下《淮南子》行政伦理思想 …………………………（70）
一、内圣而外王的道德入世 ……………………………………………（72）
（一）中国古代政治家“由内而外”的济世情怀 ……………………（72）
（二）《淮南子》中统治者个人修养价值的历史局限性 ……………（73）
二、效法天道，顺乎自然 ………………………………………………（73）
（一）人与自然的和谐观 ……………………………………………（73）
（二）“道”法自然的教化观 …………………………………………（74）
（三）物竞天择的生存观 ……………………………………………（75）
三、和谐语境下的治国思想 ……………………………………………（76）
（一）循规合律、无为而治的治世观 ………………………………（76）
（二）集中民智的治理观 ……………………………………………（77）
（三）因循而任下的用人观 …………………………………………（78）
（四）“以法治国”的法治观 …………………………………………（80）
四、和谐语境下的“法”观念 …………………………………………（80）
（一）循规合民的法治观 ……………………………………………（81）
（二）国家利益、集体利益至上的观念 ……………………………（81）
（三）“法必待圣而后治”的治理观 …………………………………（82）
五、君民共处：两种利益的辩证的和谐 ………………………………（83）
（一）统治者自身“内圣” ……………………………………………（83）
（二）以人为本，爱惜民力的民本观 ………………………………（84）
（三）在立法上对民众的利益给予充分的保护 ……………………（86）
六、和谐语境下《淮南子》行政伦理思想的创新视角 ………………（87）

（一）内圣外王与顺天重民 …………………………………………（87）
（二）《淮南子》中的法治思想对构建和谐社会，实现中华民族伟大复兴的启示 …………………………………………（88）
第八章 《淮南子》民本主义思想探源及启示 ………………………（89）
一、无为而治和以民为本的交相呼应 ……………………………………（90）
（一）无为而治的对象——民 ……………………………………………（90）
（二）以民为本的目的——治 ……………………………………………（91）
（三）二者辩证关系 ………………………………………………………（91）
二、民之定位——国之本 …………………………………………………（92）
（一）民之本——食 ………………………………………………………（92）
（二）国之本——民 ………………………………………………………（93）
三、以民为本思想的具体展开 ……………………………………………（95）
（一）顺民之性——顺民 …………………………………………………（95）
（二）珍爱民众——爱民 …………………………………………………（97）
（三）兴利除弊——利民 …………………………………………………（97）
（四）足用于民——富民 …………………………………………………（98）
四、民本主义思想的现时意义 ……………………………………………（99）
（一）关注民众正当需求 …………………………………………………（99）
（二）走可持续发展之路 …………………………………………………（100）
（三）弱势群体利益保护 …………………………………………………（101）
第九章 《淮南子》与《管子》法思想比较研究 ……………………（103）
一、《淮南子》与《管子》背景比较 ……………………………………（104）
（一）著述比较 ……………………………………………………………（104）
（二）时代比较 ……………………………………………………………（105）
（三）法思想比较 …………………………………………………………（105）
二、《管子》与《淮南子》法律观念比较 ………………………………（106）
（一）工具主义法律观：“道”之领悟程度不同的法律观 ……（106）
（二）实证主义：“变”之实施效果不同的立法观 ……………（108）
（三）规则主义：“度”之衡量标准不同的执法观 ……………（110）
三、结语 ……………………………………………………………………（113）
附　录　与法治相关的成语解读 ………………………………………（114）
后　记 ……………………………………………………………………（148）

第一章

《淮南子》“以道统法”的法律观及现时意义

内容摘要：《淮南子》继承了先秦诸家关于法的理念，但又注入新的理解，提出“以道统法”的法律观；对“无为”作了全新的解释，赋予其积极的内涵，并将其与法治结合起来；在法的起源上，主张“法生于义”，强调法律制度应当“与化推移”“与时而变”，以适应变化的时势；在立法上，主张简约易知，符合实际情况，具有可循性，主张贤人执法以及公正无私的平等执法观；提出“平等适用法律”的进步思想。

关键词：《淮南子》；法治思想；治理观念；无为；积极意义

从宏观视角而言，《淮南子》的多数篇章在思想上传承了黄老学派的积极入世的理念，在很大程度上强调了仁、义、礼、法在治理国家、维护社会秩序方面具有的不可忽视的作用，弱化了道家无为思想的消极影响，从新道家的立场出发，对先秦诸子百家理论进行理性批判、总结和归纳，尝试性地提供了契合时代需要的治国方略。以法家思想为本源和理论依据，但是并没有对法家思想进行全盘地继承和吸收，而是批判地吸纳其合理成分，并且形成了独树一帜的法律思想。强调立法、执法都要秉承公正无私的理念，坚持平等执法的进步主张。与此同时，重新拾起了民本思想，它的法律思想蕴涵民本主义的基因。虽然它的法律思想本质上也是为君主服务的，但它着力强调法律制度符合民众利益的一面，创造性地提出“以法限君”的进步思想，这些思想至今仍闪烁着智慧的光芒。

本书拟将《淮南子》置于当今法治视野中进行解读，剔除其相关消极、落后的思想和观点，着力系统地归纳、缕析出与我国当下正在进行的社会主义法治建设之间的关联性，提出值得借鉴的思想和观点，进而以此为逻辑起点，对其所具有的治理维度的现时意义进行探讨。

一、“以道统法”的法律观

（一）重在“功用”的“道”

“道”是《淮南子》一书的思想精髓，它超越时空、无声无形，而又无所不在，是万事万物的母体。以“道”为逻辑起点，进而阐述“治”的理论，是道家思想最显著的特征。与黄老学派一样，《淮南子》希望把道家思想推向政治技术的实用性层面，建构出具有目的性的工具型道家，但它又比黄老学派更前进一步的、蜕变的、转型的道家①。其主要的旨趣并不在于追问道的具体内涵“是什么”，而在于探讨“道”的功用，探究“道”之于“治”有什么作用，如何发挥这些作用。“体道者逸而不穷，

---

① 史华慈．黄老学说［M］//道家文化研究（第四辑）．刘文静，译．上海：上海古籍出版社，1994.

任数者劳而无功”（《原道训》），领悟大道的人可以非常安逸，但却没有办不到的事；玩弄诈术的人辛苦异常，但却一事无成。《要略训》强调“言道而不言事，则无以与世浮沉；言事而不言道，则无以与化游息。”“将抽象的‘道’与具体的‘事’在具体事物中结合起来，形成务实致用的‘道事观’，力图达到‘道’与‘事’的和谐统一，可谓《淮南子》论道的一大特色。”① “与世浮沉”“与化游息”就是“道”功用的生动体现。因此，“道”既是《淮南子》宇宙观的最高范畴，也是它法律观的指导思想。

在《原道训》的阐述中，道的功用具有两个维度。一是作为宇宙的动力、万物的源泉，或运动规律的表征。万物的生长变化，其动力均来自于道，根源于道的运转，道既是自然万物和人类社会产生的本原，也是人类必须遵循的基本规律。二是“道”之于“治”的功用。“道”是统摄“天地之理”“人间之事”“帝王之道”的，“道”是不变的、永恒的，“事”是具体的、应时而变的②。“故古之治天下也，必达乎性命之情，其举措未必同也，其合于道一也。”（《俶真训》）“治在道，不在圣”（《原道训》），“道”是“治”的根本和依归，“治”根源于“道”，只是根据“道”的精神内核在具体处理“事”的过程中的应用。只有符合“道”，做事才能成功，目的方可达到。

（二）重在“统法”的“道”

“道”之于法的作用，“有道以统之，足以化矣”。《淮南子》重视法在治国中的作用，要求在法的制定和实施过程中，要以“道”为指导，符合“道”的原则和精神。“故有道以统之，法虽少，足以化矣；无道以行之，法虽众，足以乱矣。”（《泰族训》）法律如果能够符合道的宗旨和要求，即使条文很少，也足以感化民众，使他们遵纪守法；如果违背了道的原则，即使制定再多的法律条文，国家仍难以避免陷入混乱的境地。这种

---

① 戴黍．道·人·史：《淮南子》的论治维度及思想史意义［J］．现代哲学，2007，2：87.

② 戴黍．以治为重心：试析《淮南子》之道［J］．江淮论坛，2008，1：158.

“以道统法”的法律观和先秦道家否定一切的“人定法”不同，它重视法在治国中的作用。

在“以道统法”的法律观指导下，《淮南子》在强调法律重要性的同时，承认它只是治理国家的一种工具和手段，进而从不同角度定义了法。“故圣人所由曰道，所为曰事。道犹金石，一调不更；事犹琴瑟，每弦改调。故法制礼义者，治人之具也，而非所以为治也。”（《氾论训》）“法者，治之具也。”（《泰族训》）上述论述重在强调法律只是一种治理国家的工具，欲对国家进行有效的治理，必须符合“道”的宗旨要求。《主术训》认为法律是所有人的规则，即使是君主也应受到法律的限制，“法者，天下之度量，而人主之准绳也”。

二、“合道通德”的治理观

（一）合乎法治的“无为”

《淮南子》给“无为”赋予了一个包含积极因素的含义，并以此为逻辑起点，展开了对“无为”的论述。赋予“无为”以新的内涵，并将其与法治结合起来。“若吾所谓无为者，私志不得入公道，嗜欲不得枉正术，循理而举事，因资而立，权自然之势，而曲故不得容者，事成而身弗伐，功立而名弗有。”（《修务训》）此处所定义的“无为”是指个人的意志不能渗透到普遍的真理之中，嗜欲不能干扰了正确的规律，做任何事情都要遵循事物固有的规律，根据客观的实际情况来成就事业，权衡自然趋势，虚伪奸诈的人不得容纳，事业成功了不到处炫耀，功业建立了不得占有。

（二）合乎道义的“无为”

“无为”合乎“道”的要求。“无为”是《淮南子》中“道”的中心要求，“无为为之而合于道，无为言之而通乎德”。“所谓无为者，不先物为也；所谓无不为者，因物之所为。所谓无治也，不易自然也；所谓无不治者，因物之相然也。”（《原道训》）无为之道，是不超越事物的本性刻意地去做；所谓没什么事情办不成，是强调要顺应事物的本性。所谓不去治理，是着眼于不改变事物本来的属性；所谓没什么治理不好的，是指顺应万物各适其情。以此推而论之，从治国的视角而言，应当顺应“道”的要求，符合事物的本性，实行“无为而治”。

（三）合乎规律的“无为”

无为的具体要求是“省事”“节欲”，减轻人民的负担。“人主之术，处无为之事，而行不言之教；清静而不动，一度而不摇；因循而任下，责成而不劳。”（《主术训》）治理天下，应该实行无为而治，无须说教就能使人感知明白，治理者自身应清静而不浮躁，坚持自然法度而不动摇；遵循事物固有的客观规律而不违反，充分发挥百官的作用，使他们各尽其责而自己不必费心。主张君主应当“取下有节，自养有度”，让民众富足，而不能横征暴敛，加重人民的负担。

此处所强调的“无为”不是放任自流，放弃人们的主观努力，无所作为，而是包含着因势利导因素的积极作为。“循理而举事”“因资而立功”“权自然之势”，这种尊重客观规律，按客观规律办事和发挥主观能动性结合起来的“无为”思想的确是一种富有新意的理论，对于我们今天建设社会主义和谐社会，处理人与自然的关系、人与人的关系、人与社会的关系，在坚持尊重客观规律的前提下发挥主观能动性，从而实现自然、社会和人类自身的全面、协调、可持续发展，均具有重要的意义。

《诠言训》把依法而治定义为：“人主好仁，则无功者赏，有罪者释；好刑，则有功者废，无罪者诛。及无好者，诛而无怨，施而不德，放准循绳，身无与事，若天若地，何不覆载！故合而舍之者，君也；制而诛之者，法也。民已受诛，怨无所灭，谓之道。道胜，则人无事矣。”以“道”至公无私的特点为桥梁，把无为和法治联系起来，用法治定义无为，把法治与无为的关系阐述得更为明确、直接，从而使二者的结合达到了一种浑然天成的契合。应当予以强调的是，这种“法治”的目的是为了维护君主的权力，有利于统治国家和治理民众。

三、“法生于义”的立法观

（一）立法依据的思想是“法生于义”“发于人间”

法的起源是“法生于义”“发于人间”，因而具有普适性。“法生于义，义生于众适，众适合于人心，此治之要也。故通于本者不乱于末，睹于要者不惑于详。法者，非天堕，非地生，发于人间，而反以自正。”（《主术训》）阐述了法与“众适”“人心”“人间”的关系，肯定了法起源于人间，认为法令制度的制定，应适合人群之需要，应考虑大势所趋、人心所向。作者试图厘清法的现实性与合理性。将“义”“众适”“人心”作为法得以产生的根据，因此法获得了以“义”为特征的合理性。

《齐俗训》强调，“义者，宜也。”“义者，所以合君臣、父子、兄弟、夫妻、朋友之际也。”“体君臣、正上下，明亲疏，等贵贱，义也。”“义者，循理而行宜也；礼者，体情制文者也。义者宜也，礼者体也。”

一则为“义”的自然适宜状态注入社会伦理的内容，它则又渗透了政治强制的形式①。故此，“法生于义”有两层内涵：一是法合众适，“众适”指“众人的共同要求，法要符合并体现民众的共同利益，这样可以保证法律的公正性，这也是‘道’的要求，这是过去的法学所未曾说出的最根本问题”②。“明主之赏罚，非以为己也，以为国也。适于己而无功于国者，不施赏焉；逆于己便于国者，不加罚焉。”（《缪称训》）法律不是为君主个人而是为“国”的利益服务的，此处的“为国”实际上就是指法合众适。二是法合人心。这是“无为”原则的要求。“‘人心’是指人的本性。”③ 法源于众人之心，根据人类的需要制定出来，反过来约束、规范人们的行为④。

---

① 戴黍．试析《淮南子》中所见的“法”［J］．江淮论坛，2006，2：98.
② 徐复观．两汉思想史第二卷［M］．上海：华东师范大学出版社，2001.
③ 段关秋．《淮南子》与刘安的法律思想［M］．北京：群众出版社，1986.
④ 李国锋．《淮南子》的法律思想［J］．河南政法管理干部学院学报，2006，5：95.

“故先王之制法也，因民之所好而为之节文者也。……故因其性则天下听从，拂其性则法县而不用。”（《泰族训》）治理天下的要诀在于依据人们各方面的本性制定法律和制度。通过仔细考察，可以发现《淮南子》关于人性的主张一方面基于现实，承认人性的不同，具有差异性；另一方面否认并反对将这种差异绝对化，认为这种差异是相对的、可以改变的，从现实入手进行教化治理，是可以达到改变人性的目的，适合预设之要求。

（二）立法形式的观念是“大乐必易”“大礼必简”

立法务求简约易知，符合实际情况，具有可循性。“故功不厌约，事不厌省，求不厌寡。功约，易成也；事省，易治也；求寡，易澹也。众易之，于以任人，易矣。”（《泰族训》）“非易不可以治大，非简不可以合众。大乐必易，大礼必简。易故能天，简故能地。”（《诠言训》）显而易见，法令简约、通俗、易知，才有利于君主掌握和百姓遵守。相反，“事碎难治，法烦难行”（《诠言训》），“政令约省，而化耀如神。”（《泰族训》）公众只有在知晓后才可能自觉遵守法律，维护法律的权威，从而也才有可能对适用法律的人加以监督和制约。

《淮南子》提出了制定法律要符合客观实际情况，具有可循性，是对法律内在品性的要求。法律制定出来，不但法律制度本身要符合“道”的原则，还要达到“令行”的效果，发挥其实际作用。“不用之法，圣王弗行；不验之言，圣王弗听”（《氾论训》），应按照“高不可及者，不可以为人量；行不可逮者，不可以为国俗”的原则立法。

制定法律制度时应按照民众的普遍道德水准，让一般人都能做到，具有可循性。如果用圣人的标准要求普通人，提出过高的要求，法律就成了一纸空文。这种重视客观实际的立法思想，既保证了法律制度的可行性，又在一定程度上照顾了民众的利益，有利于社会秩序的维持。美国著名的法学家富勒说，如果立法不切实际，政府官员就会面临这样的困境：要么强迫公民为不可能为之事，以致造成严重的不正义；要么对公民的违法视而不见，从而削弱对法律的尊重。因此，规则的接受者必须能够使其行为与规则相符合。

（三）立法内容的观念是“与化推移”“与时而变”

在坚持“以道统法”的法律观和无为观的前提下，《淮南子》提出了法律与制度应当“与化推移”“与时而变”，以适应变化了的时势的主张。

“常故不可循，器械不可因也，则先王之法度，有移易者矣……先王之制，不宜则废之。末世之事，善则著之，是故礼乐未始有常也……故圣人制礼乐，而不制于礼乐。治国有常，而利民为本；政教有经，而令行为上。苟利于民，不必法古；苟周于事，不必循旧……故圣人法与时变，礼与俗化。衣服器械，各便其用；法度制令，各因其宜。故变古未可非，而循俗未足多也。百川异源，而皆归于海；百家殊业，而皆务于治……知法治所由生，则应时而变；不知法治之源，虽循古，终乱。”（《汜论训》）

“是故世异则事变，时移则俗易。故圣人论世而立法，随时而举事……七十余圣，法度不同，非务相反也，时事异议也。是故不法其已成之法，而法其所以为法。所以为法者，与化推移者也。夫能与化推移为人者，至贵在焉尔……”（《齐俗训》）

“是故至道无为，一龙一蛇，盈缩卷舒，与时变化。”（《俶真训》）

《淮南子》中“时”的概念归纳起来有两层含义：一是时机，做事应当把握时机，成功与否与时机选择的合适与否有着很大程度的关联，只有选择合适的时机，才能成功，达到预期的目的；二是根据实际情势的变化调整策略，要相“时”而动，不同的情势要采取不同的策略，不可一成不变。

上引之论，意在强调作为治理国家工具的礼仪法度，要随时代的变化而改变，以适应不同的时代要求；也要随着实际情势的变化而改变，以适应变化了的客观实际，从而达到“周于事”“利于民”，最终目的在于“务于治”。这就形成了积极有为的变法思想，同时强调要以利民为本，融入民本思想，保证了变法的公正性。由于做出了“民有余则让，不足则争”（《齐俗训》）的基本判断，此处“利民”可以理解为给人们物质、经济利益。所以，政治和法令都要保障民利，为民谋利。立法是否做到“利民"是衡量法律好坏的标准，也是国家存亡的关键。反对繁法苛令对民众的过度侵扰，主张以法律手段发展社会经济，保障国计民生。

今天，我们正在坚持依法治国，建设社会主义法治国家，也应坚持在保持法的稳定性、连续性的同时，及时进行立、改、废的原则。"法律必须稳定，但又不能一成不变"①。法律法规一经制定和实施，就应当在一定时期、一定范围内保持相对的稳定性，决不能朝令夕改，破坏法的严肃性和权威性。"一个完全不具稳定性的法律制度，只能是一系列仅为了对付一时性变故而制定的特定措施，它会缺乏逻辑上的自洽性和连续性。"② 法的稳定性和连续性是相对的而不是绝对的。世界上不存在永远不变的法律，社会关系在变化，人的认识在发展，所以，作为人们用来调整社会关系的法律当然需要变化。当社会的不断发展和进化带来新情况、新问题，需要用新的法律手段或法律规范予以解决时，立法不能以法律需保持稳定性为说辞而拒绝及时地开展法律的立、改、废活动。

四、"平而不阿"的执法观

（一）"平而不阿"的公正执法观

"平而不阿，明而不苛，包裹覆露，无不囊怀，溥汜无私，正静以和。"（《时则训》）处理事务要公正不阿，明察秋毫而不苛刻，能够包容、滋润万物，没有遗漏。博大无私，才能使政治公平温和。在此，要求执法者的主观态度应当是"平而不阿""明而不苛""溥汜无私"。《泰族训》指出执法者本人必须"精诚"，"赏善罚暴者，政令也；其所以能行者，精诚也"。政令之所以能够顺畅执行，在于"精诚"。"'精'就是能够把握法治的精髓，'诚'就是诚心诚意地去推行。"③ "悬法设赏而不能移风易

① Pound Interpretations of Legal History（Cambridge, Mass. 1923）, P. 1.

② ［美］博登海默．法理学：法律哲学与法律方法［M］．邓正来，译．北京：中国政法大学出版社，2004.

③ 段关秋．《淮南子》与刘安的法律思想［M］．北京：群众出版社，1986.

俗者，其诚心弗施也。”由上述分析可知，执法者能否做到“平而不阿，明而不苛”和“精诚”以及做到的程度，在相当程度上决定了法律制度具体实施的效果。

执法公正是社会正义的重要组成部分，也是社会主义法治建设的基本要求，要求执法主体及其工作人员办事公道，不徇私情，平等对待相对人。当今中国正在进行的法治改革，包括了制度、程序、体制的改革，其目的就是为了司法的公正，从而实现社会的公正，有利于依法治国，建设社会主义法治国家。

（二）“待圣而治”的贤人执法观

“三代之法不亡，而世不治者，无三代之智也；故法虽在，必待圣而后治；律虽具，必待耳而后听。故国之所以存者，非以有法也，以有贤人也；其所以亡者，非以无法也，以无贤人也……英、俊、豪、杰，各以小大之材，处其位，得其宜，由本流末，以重制轻，上唱而民和，上动而下随，四海之内，一心同归，背贪鄙而向义理，其于化民也，若风之摇草木，无之而不靡。今使愚教知，使不肖临贤，虽严刑罚，民弗从也。”（《泰族训》）“故积力之所举，则无不胜也；众智之所为，则无不成也。”（《主术训》）

在此，一方面认为，贤良之人在治理国家中有着举足轻重的作用，正是如此，实施法律政令的过程中，必须有善于治法之人。另一方面认为，君主的知识和能力都是有限的，必须发挥众人的力量，发挥每个人的作用，才能大有作为。

众所周知，人的才能各有所长，也各有所短。但他们对于治理国家来说都有可发挥作用之处，“人有其才，物有其形；有任一而太重，或任百而尚轻。”（《齐俗训》）“各得其宜，处其当，则上下有以相使也。”（《主术训》）强调使人才有各尽其能的平等机会，从而实现有效的治理。当然，着重强调任用贤人的思想固然可嘉，但“得其人则举，失其人则废”的结论过度夸大人治的作用，降低了法治的地位和作用。

在我国目前建设法治国家的进程中，对法律职业群体的要求也同样必须是“贤人”①。法律人的职业素养应着力培养并不断提高，由法律人所组成的法律职业共同体是法治国家的必备要件之一，法律职业共同体的形成过程，就是法律职业素养统一的过程。法律职业素养包括：职业语言、职业知识、职业思维、职业技术、职业信仰和职业道德六个方面。前四个方面构成法律职业技能，即通常所说的“才”，后两个方面构成法律职业伦理，即通常所谓的“德”②。

（三）“尊卑同治”的平等执法观

坚持“尊贵不轻罚，卑贱不重刑”的平等执法观以及赏罚分明的执法原则。《淮南子》认为，法是一种“权衡规矩”，具有客观性和规范性，是衡量事物以及现实中具体事实的标准，所以，必须以它作为人们共同遵守的行为准则。无论贵贱，贤和不肖，都平等对待。

“县法者，法不法也；设赏者，赏当赏也。法定之后，中程者赏，缺绳者诛。尊贵者不轻其罚，而卑贱者不重其刑，犯法者虽贤必诛，中度者虽不肖必无罪，是故公道通而私道塞矣。”（《主术训》）“刑杀无赦，虽有盛尊之亲，断以法度”（《时则训》）提出了“尊贵不轻罚，卑贱不重刑”“断以法度”的平等执法思想。只有依据现有的法律制度定罪量刑才是行“公道”。

“是故明主之治，国有诛者而主无怒焉，朝有赏者而君无与焉。诛者不怨君，罪之所当也；赏者不德上，功之所致也。民知诛赏之来，皆在于身也。故务功修业，而不趋上媚君。”无论是处罚或奖赏，都是接受者根据其具体的情况应当得到的，赏罚分明，罪责相称。充分显示出法律理论的进步性和创新性。

法律面前人人平等是我国宪法确立的社会主义法制的基本原则。宪法明确规定，任何组织或个人，“都必须遵守宪法和法律”“都不得有超越宪

---

① 此处笔者意在强调法律职业群体在现代所应具有的品质之一，而非无限制地溯及以往。

② 孙笑侠、夏立安．法理学导论［M］．北京：高等教育出版社，2004．在本书中，对法律群体的“德”“才”有详尽论述，至于其他，与本书主旨无涉，暂置不论。

法和法律的特权”“一切违反宪法和法律的行为，必须予以追究”。具体的法律一般都规定了公民在适用法律上一律平等。但正如“诛者不怨君，罪之所当也”（《主术训》）所表达的精神实质。具体情况不同，处理措施也不同，承担的法律责任与其违法的具体情况相适应。应当坚持相同情况相同对待，不同情况区别对待的公正精神，这不仅不违反平等原则，恰恰是平等原则的实质体现。

五、“言事究于法”的权力观

（一）“言事究于法”的用权思想

法是公正无私的表现，具有公正性和平等性，一切均应依法行事，赏罚分明，树立公道。“衡之于左右，无私轻重，故可以为平；绳之于内外，无私曲直，故可以为正。人主之于用法，无私好憎，故可以为命。”（《主术训》）秤对于所称的物来说，不会根据自己的私心来改变轻重，因此可以做到平衡；墨绳对于所量的物来说，也不会凭借自己的私心来决定曲直，因此可以做到端正。君主用法也是如此，不能因为爱憎而改变执法标准、量刑尺度，所以他才可以实施法制政令。

法治的核心是严格依法办事，依法办事是法治的最基本原则。在立法民主基础上的法治，核心问题就是严格依法办事的问题。离开了依法办事，再好的立法也不可能转化为社会现实。有法不依比无法可依更为可怕。在无法可依的时候，人们渴望着有法，还有希望。在有法不依的时候，人们或许会渴望有法必依，或许会失望甚至绝望。所以，必须坚持“言事者必究于法”的原则。

（二）“赏罚为国”的用权思想

“明主之赏罚，非以为己也，以为国也。适于己而无功于国者，不施赏焉；逆于己便于国者，不加罚焉。”（《缪称训》）施行赏罚的目的，是为了国家的利益，而不是为了个别人的意志和利益。在国家利益与个人局部利益冲突时，要以国家利益为上。

“法者，天下之度量，而人主之准绳也。”“法籍礼仪者，所以禁君，使无擅断也。是故有诸己不非诸人，无诸己不求诸人。所立于下者，不废于上；所禁于民者，不行于身。所谓亡国，非无君也，无法也。变法者，非无法也，有法者而不用，与无法等。是故人主之立法，先自为检式仪表，故令行于天下。”（《主术训》）

此处所引之论把“正己”与法治理论直接结合起来，主张君主不得把自己置于法律之上，不得专断自恣，而必须以法律为准绳。要求君主带头守法，然后才能以法责官治民。在此，法不仅可以用来度量天下，而且还是君主的行为准则，法的公平性得到了空前的肯定。人主“令行于天下”的前提必须是能够“先自为检式仪表”，也提出了维护法的公平性的措施。“这种‘以法禁君’的主张的意义就在于把法律置于君主之上，以防止君主独断专行。”① 法成了限制君主滥用权势的重要力量，试图将君主置于法律之下，在当时的社会制度及形势之下，虽然不可能得到真正的实现，但其思想无疑具有超出了社会实践层面的先验意义。论者试图借用儒家正己修身的理论作为阐述自己思想的框架，以法家的法治学说作为内容加以填充，如此一来，就把正己修身的内容由儒家式的道德修养置换成法家式的遵纪守法，于是儒、法两家学说在论者精心设计的思想框架内巧妙地融合起来了。

结 语

《淮南子》出现在黄老政治影响力日趋衰微之际，其法律主张及观点在一定程度上对先秦以来黄老学派所主张的法律思想做出了归纳②。《淮南子》在“以道统法”、继承法家关于法的公正性的进步主张方面与黄老学派一样。在法律的起源上主张“法生于义”，强调立法要具有科

---

① 刘新．中国法哲学史纲［M］．北京：中国人民大学出版社，2005.

② 杨颉慧．西汉前期黄老学说下的法律思想与法治实践研究［D］．郑州：郑州大学，2007. 作者提出了《淮南子》对黄老学派法律思想作出了总结的观点，并对其进行了简要论述。

学性、执法要公正无私。同时，它也吸收了传统的民本主义思想，主张法律为公众利益服务。它的最大贡献就是提出了反对封建特权，主张平等的进步思想。时代决定它无法根本突破君本位的思想底线，但它蕴涵的一些法治理论已经达到了法律思想史上前所未有的高度，对于我们今天依法治国、建设社会主义法治国家，具有重要的可借鉴的诸多理论和实践因素。

第二章

《淮南子》治理之道——无为而治

内容摘要：不同历史时期的统治者都会根据本时代的实际，参照前时代的得失经验，制定并推行治理之策。文章以《淮南子·主术训》为分析解读文本，从无为之道、法律之道、用人之道、权势之道、治吏之道等五个方面解读其所蕴含的社会治理之道，以期对当今中国社会的有效治理，提供借鉴。

关键词：无为而治；社会治理；淮南子；主术训

社会治理是社会秩序和社会管理的基本命题。自从人类社会发展进入阶级社会和统治时代，随着阶级和阶层的分化，统治和权术时代的运用，每一时代的统治者都会根据本时代的实际，参照前时代的得失经验，制定并推行治理之策，从而达到自己时代社会的有效治理。站在今日的时代高度，我们把视野回溯往昔，一个不容否定的客观事实是，任何时代的治理之道都是那个时代的产物，无论它们在社会实践之中是成功或失败。

应当予以明确的是，我们不应苛求古人，但可以从前人的得失之中总结出值得我们借鉴的经验和教训，为社会的进步和发展提供更多可资参考的资料。《主术训》全面论述了君主治国的根本方针——无为而治①，为我们提供了丰富的治国之道的参考史料，对此进行深入挖掘，具有积极的价值。本章以《主术训》为分析解读文本，从法治的角度透视其社会治理之道，以期对中国社会的有效治理、建设社会主义和谐社会、实现中华民族伟大复兴的中国梦具有一定的理论和实践意义。

一、无为之道——无为治之本，有为理之术

从已有的经考证的资料来看，自从道家创始人老子提出“无为而治”思想之后，对这一思想作全面、系统的总结和阐述的是由《淮南子》完成的，《淮南子》对道家的无为思想作出了较为全面系统的总结，并较深刻地发展了先秦道家的无为思想②。《淮南子》中所阐释的“无为”又有其特定的内涵。

《淮南子》中对“无为”所下的几个定义中，尤其突出了“循理而举事”这一点，认为“无为”就是按照事物发展的客观规律来办事。“有为”则是指“用己而背自然”，即违背自然规律的主观妄为。在此，把“无为”作了扩大化理解，而把“有为”作了限定理解。与我们今天通常

① 雷健坤．《淮南子》的中心思想及其理论架构［J］．天府新论，2002，5.
② 许抗生．《淮南子》专论（二）［J］．安徽大学学报：哲学社会科学版，2008，6.

意义上的“无所作为”不同，《淮南子》中的“无为”是“有为”，去积极地“作为”，而对做事情的方式给予了限定，凡是按照事物发展的客观规律做事情属于“无为”范畴；违背自然规律的“作为”属于“有为”的范畴。

（一）“无为”是道之根本

《淮南子（主术训）》中，一个核心的命题就是强调君主治理天下，都应当实施无为而治，推行简单易行、通俗明白的原则。君主在治理国家之中所起的作用是统领治理之纲，用我们今天的话说就是要在遵循自然规律的前提之下，进行宏观方向的把握，而不应事必躬亲。至于具体事务的处理，可以充分发挥群臣百官的作用，制定合适的政策，使他们各尽其责，君主不必亲自操劳和费心。正所谓是“人主之术：处无为之事，循不言之教，清静而不动，一度而不摇，因循而任下，责成而不劳”①。君主应当“简约”“少为”，这样才符合“无为”之道。

“无为”是道之根本，“无为者，道之宗”，将“无为”和世界本原的“道”联系起来，为其价值合法性、合理性作论证②。掌握无为之道，就能应对任何变化，“故得道之宗，应物无穷”。

（二）“无为之治”价值皈依——圣人为之谋，万物归之

《淮南子》中一直认为君主个人的才智是弱小的，只凭个人的才智，是难以实现天下大治的。要实现天下大治，必须发挥众人之智。而君主和臣下各有分工，且这些分工又有明确的界限，各自都不应逾越，否则即是违背了“道”的要求。

作为统御天下、治理民众的君主就该持清静无为之道而守着根本，有治国平天下的才能而无个人贪欲偏好，节制自己的欲望。“是故君人者，无为而有守也，有力而无好也。”君行无为之道，而大臣们行有为之道，

---

① 引自《淮南子·主术训》，下文凡是出现直接引用文句，除注明外，均引自《淮南子·主术训》。

② 张立文．冲突与医治：《淮南子》化解危机的哲学［J］．江海学刊，2010：1.

君臣异道天下太平；反之君臣同道则天下大乱；这就是说君主清静无为，臣则恪守职位，各自处在应处的位置上，这样上下便能默契合作、互相制约和促进。“是故君臣异道则治，同道则乱，各得其宜，处其当，则上下有以相使也。”

上述之论主要强调君主应当奉行清静无为的理念，《淮南子》作为奉献给君主的关于如何治理天下的奇书，其目的是希望所述策略能够在社会治理之中得到实际运用。为了让君主能够接受其方略，预测了“清静无为，则天与之时：廉俭守节，则地生之财；处愚称德，则圣人为之谋。是故下者万物归之，虚者天下遗之”。如果君主能够坚持奉行“无为而治”的治国之道，那么连上天都会赐给时运；推行廉俭守节，连大地都会助育生财的；而君主守朴处愚，办事合情合理，就连圣人也会为他出谋献策的。处于低处、谦卑自居的人，万物都会归附他，天下也会归他所有。如此一来，又何愁天下不能够大治。

通过上述分析，我们发现《主术训》中“无为之治”的治国之道的阐述构成一个符合逻辑结构的整体。下面，对于“无为而治”的具体治理之策进行论述，当然，这些具体的治理策略都是在“无为”这一核心命题之下的。

二、法律之道——人主之准绳，无私正曲直

法律之道，主要体现在工具主义的法律观和平等的执法观。《淮南子·主术训》中提出治理天下的上、中、下三策，“故太上神化，其次使不得为非，其次赏贤而罚暴”。最上策的是从精神上感化，其次是用礼制方法来约束民众，使他们不做错事，而用奖赏贤才、惩罚暴虐的强制方法来治理天下是最下策的。当然，今天应该辩证地对待这三个治理之策。有些策略在今日的实践和借鉴的意义可能不大，而有一些却具有较大的现实意义，比如法律观对于今日而言，颇值得慎重考量。在《淮南子·主术训》三策之中的“下策”，只是作为一种治国的工具而使用的，即是我们今天所说的“工具主义法律观”。为了进一步约束执政者的行为，《淮南子·

主术训》还提出了具有现代意义的法制思想①，这些法律思想对于今天我们依法治国仍具有启发意义。

（一）法者，天下之度量，人主之准绳——工具主义的法律观

“法者，天下之度量，而人主之准绳也。”法是区分社会之中行为好坏的度量标准，也是君主手中的准绳。君主用法律，一可以规制臣民的行为，从而使他们的行为符合社会标准；二可以衡量臣民行为与社会标准的要求是否符合，进而做出判断。

法律的作用有哪些？制定之后又当如何执行？《淮南子·主术训》中都有所阐述。“县法者，法不法也。设赏者，赏当赏也。法定之后，中程者赏，缺绳者诛。”社会制定并颁行法律，是为了依法惩处犯法者；设置实行奖赏制度，是为了奖赏有功之士。这种法律和制度一经制定，符合奖赏制度的就要嘉奖，触犯法律的就要受罚。通过奖赏和处罚，臣民的行为就逐渐符合社会的要求，从而实现天下大治。

（二）公正不阿，轻重有别的执法观

在《淮南子》的多数篇章中，我们会发现有很多是用比喻或其他方法来说明道理的，之所以采用这种方式，可能因为比较容易理解，也易于接受。《淮南子·主术训》在论述执法的思想时，也是用比喻的方法，十分生动形象，易于把握其内涵。“衡之于左右，无私轻重，故可以为平。绳之于内外，无私曲直，故可以为正。”秤对于所称之物来说，不会根据自己的私心来改变它们的轻重；墨绳对于所量之物来说，也不会凭自己的私心来决定它们的曲直，所以秤和绳是公平、正直的。

秤和墨绳因没有私心可以达到公平、正直，那么君主用法也是如此，不能因爱好、憎恶而改变执法的标准、量刑的尺度，只有这样，法制政令才能够得到顺利实行。“人主之于用法，无私好憎。故可以为命。”在

① 高巍然．“治国有常，利民为本”——谈〈淮南子〉的理政治国思想［J］．中国党政干部论坛，2007，9.

执法守法方面，《淮南子》一再强调君人者应该负有比平民更严厉的责任①。

法律在制定之后，应当如何执行，是“刑不上大夫”还是“王子犯法，与庶民同罪”?《淮南子·主术训》强调“尊贵者不轻其罚，而卑贱者不重其刑”。在执法的过程中，应当一视同仁，平等执法，尊贵者触犯法律也不得减轻处罚，卑贱者犯了法也不会加重处罚。按照“犯法者虽贤必诛，中度者虽不肖必无罪”，违法者尽管贤能也一定严惩，守法者虽然无能也不可无端治罪的原则执法，就可以达到“是故公道通而私道塞矣”的境界。秉公执法的风气盛行，徇私枉法之路就被堵塞。

这种公正不阿、轻重有别的执法观对于正行进在依法治国道路上的中国，具有重要的借鉴意义。

三、用人之道——任能称其事，人物得其宜

用人之道——“能称其事，人得其宜”的用人观。《淮南子·主术训》强调治理国家要集中众人之智，并提出了“能称其事，人得其宜”的选人、用人观。认为在治理国家的过程之中，智慧和勇力都不足以治国，个人的才智也不值得依恃，真正的治国栋梁是在众人之中的，正所谓“千人之群无绝梁，万人之聚无废功”，千人之中必有栋梁之材，万人聚集没有办不成的事。

（一）“力胜其任，能称其事”的选人观

天下无废材，每一个人都有其所擅长的领域，要根据个体的实际，有哪种功能的就安排他处在适合这种功能的岗位上，有哪种技能的就让他干适合这种技能的事情。他的能力能胜任这项工作，那么他就不会感到压力重；他的能力和他做的这件事情相称，那么他就不会觉得困难。所以，不

---

① 李秀华．并存不废，会通所长——《淮南子》治国思想论析［J］．辽宁大学学报：哲学社会科学版，2009，5.

论能力大小、水平高低，让他们做适宜自己能力和水平的事，那么天下人都可以发挥各自的作用，就不会出现因无法胜任而出现的过失。这就是圣人兼容并蓄使用各种人才，天下也就没有什么无用的人。

这种“力胜其任，能称其事”的选人观与集众人之智是一脉相承的，既然治理天下要“集众人之智”，那么在选拔人才上就要兼收并蓄。凡是拥有能力的人才，就都有各自的作用。

（二）人得其宜，物得其安

动物的技能不同，人们使用它的方式也不一样，比如骅骝、绿耳这样的骏马，一天跑上千里不在话下，但如果让它们去捕捉兔子的话，那还不如猎犬，这是因为各自的技能不同的缘故。“夫华骝、绿耳，一日而至千里，然其使之搏兔，不如豺狼，伎能殊也。”

同样的道理，人各自擅长的技能也不一样，所以，做事情的职责不可能相同，比如古时候造车子，漆工不管画图、雕匠不管砍削，各类工匠只擅长一种技能，就像士人不兼官职一样。“古之为车也，漆者不画，凿者不斫，工无二伎。”这样各守其职，反而相安无事、互不侵犯、各尽其职；每一个人都被分配在与其技能相符合的岗位上，每一个物件都得到合理的利用，物件就不会受损伤，事情就会顺顺利利。

在一个国家之中，选才、用才的权力掌握在君主手中，贤明的君主任用人才，“犹巧工之制木也，大者以为舟航柱梁，小者以为楫楔，修者以为櫊榱，短者以为朱儒枅护。无小大修短，各得其所宜；规矩方圆，各有所施”，就像高明的工匠裁取木料一样：大的用来做舟船柱梁，小的拿来做船桨楔子，长的用来做屋檐椽条，短的拿来做短柱斗拱。无论大小长短，都将它们派上用场，规矩方圆都恰到好处。

人才是国家安稳的重要因素，所以，治理国家的君主必然重视人才，选好才，用好才。如果用人得当，那么国家就能治理好，上下和谐，群臣亲和，百姓归附；如果用人不当，那么国家就有危险，上下乖悖，群臣怨恨，百姓动乱，就难以实现国家的大治。

四、权势之道——人主之车舆，人臣之辔衔

（一）权势在治理国家中的作用——人主之车舆，人臣之辔衔

《淮南子·主术训》最明显的一个构思就是糅合道、法、儒关于驾驭臣下、治理国家的种种主张，而且这些主张均为编撰者所认同①。该书非常重视权势在治国中的作用，对其进行了详尽的论述，并将权势的作用概括为“车舆”和“辔衔”，认为君主如果能掌握利用好权势，那么教化民众和驾驭群臣就非常容易了。“摄权势之柄，其于化民易矣。”

“权势者，人主之车舆；爵禄者，人臣之辔衔也。”② 权力地位是君主的车子，爵位利禄是君主驾驭人臣的缰绳和嚼头。君主最关键的是要掌握权势要害和控制封赏爵禄的权柄，把握处事缓急的分寸、施予剥夺的节奏，因而天下人也能竭尽能力而不倦怠。一个不言自明的道理是“夫臣主之相与也，非有父子之厚、骨肉之亲也，而竭力殊死，不辞其躯者何也？势有使之然也。”君臣相处过程中，关系和感情没有像父子那样亲密深厚，也没有骨肉之间的亲情，但下属官员却能竭尽全力、不惜为君主牺牲生命，这其中的原因是君主合理利用权势而导致他们这样做。

（二）治民和规制臣下之策——“严然玄默，赏惩有别”

古代中国有这样的观念：治国也就是治民。那么治理民众的最佳方法是什么呢？如何治理民众才能达到大治？《淮南子·主术训》中所论述的治理民众的方法是通过一个类比来说明的。该书认为治理民众就应当像祭祀灵星时的尸主那样，“君人之道，其犹零星之尸也，严然玄默，而吉祥受福”，意思是说要庄重静默、端坐无言，使祭祀的人在不知不觉中吉祥

---

① 李秀华．并存不废，会通所长——《淮南子》治国思想论析［J］．辽宁大学学报：哲学社会科学版，2009，5.

② 关于对《淮南子》中“权势”的论述，戴黍：《试析〈淮南子〉关于“权”的思想》一文有所论述，载《孔子研究》，2006 年第 4 期。

受福。明白这个道理之后，君主就会慎重对待恩惠和惩暴，不轻易施予人恩惠，就像他不轻易对人惩处一样。这样，使他治国之道畅通无阻。因为轻易地施行恩惠，就会热衷于施舍给予，以致“无功而厚赏，无劳而高爵，则守职者懈于官，而游居者亟于进矣”。使无功者得到奖赏，无劳者得到爵位，这样一来，轻易得到爵位官职的人会玩忽职守、松懈职责，而那些闲居游荡的士人也会极力谋取爵位官职。同样“无罪者而死亡，行直而被刑，则修身者不劝善，而为邪者轻犯上矣”，施行惩暴，就会随意诛杀惩罚，致使那些无罪者得以屈死，品行端正的人受到惩罚。这样一来，那些注重自我修行的人不愿再努力为善，而那些行为不轨者反而敢于犯上作乱了。这种“严然玄默，赏惩有别”的治民和规制臣下之策即使在今天仍是我们在处理某些事情上所缺乏的。在社会治理过程中，形式理性和实质理性同样重要，而如何平衡和把握二者的关系，是我们这个一贯讲求实质理性的传统东方社会值得深入探讨的课题。

官吏和民众追求的不同之处在于，民众注重“恩惠”，而官吏所看重的是“爵禄”，君主所制定的方针政策，最终还是要靠广大的官员去实施。因此，如何调动广大官员的积极性而又不至于使官员“越位”是每一个君主所关心的。《淮南子·主术训》提出君主应当用“爵禄”的赐赏和剥夺来实现。

“夫疾风而波兴，木茂而鸟集，相生之气也。是故臣不得其所欲于君者，君亦不能得其所求于臣也。君臣之施者，相报之势也。是故臣尽力死节以与君，臣计功垂爵以与臣。是故君不能赏无功之臣，臣亦不能死无德之君。”风大则波浪自然兴起，林大则鸟雀自然聚集，自然界的现象就是如此。下属官员如果不能从君主身上获得自己想要的东西，那么君主也就休想从下属官员那里获得自己想要的东西。君臣之间的施予，就是这样有施有报。所以，下属大臣竭尽全力、不惜牺牲生命来侍奉君主，君主就该按功劳大小赐爵封位对待臣下；君主不该赏赐无功臣子，臣子也不会替无德之君拼死卖力。

五、治吏之道——言事究于法，为行治于官

《淮南子·主术训》蕴含的治吏之道，主要体现为“言事究于法，为行治于官”和“贵其不为非”。上文对于中国古代“治国也即是治民”的观念已有论述，对于君主而言，凭借一人之力去治理广大民众既不可行、亦不可能。一般而言，民众对于君主的印象比较模糊和抽象，一般普通民众接触到最高统治者的概率很小。而一个国家正常运转所依靠的不是君主一人之力，而是分布于全国、为数众多的各级官吏。对于官吏的规制管理、选拔任用是一个宏大而重要的命题。

（一）“言事究于法，为行治于官”的言行观

要治理好一个国家的确不是一件简单的事情，“言事者必究于法，而为行者必治于官”。君主对谈论国事的说客一定要深究他们的言论是否符合国法，对那些仕人一定要放在官职上来考校他们是否真有才干胜任。“上操其名以责其实，臣守其业以效其功。言不得过其实，行不得逾其法。群臣辐凑，莫敢专君。”君主也一定要以官职的名分来要求百官必须名实相符、恪守本职来奉献功绩；而百官也一定要言论符合实际、行为符合法规，这样才能使群臣紧密团结在君主身边，没人敢挟制君主。

如果下面官吏所做的事不合常规，但只要于国有利、能辅佐国政，就必须经反复检验、考校后加以推行。君主应暗中查访官吏来观察他们的归向，并全面地听取多方意见来观察他们的变化；不听信片面之词，也不偏私地根据偶然一事做出结论。因此，君主能够站得中正，看得全面，洞察一切；群臣们都公平正直，不敢做出邪恶事情；百官们都忠于职责，致力于政绩、功绩。

（二）“贵其不为非”的做事观和“毋曰弗求，毋曰不争”的名利观

对于治理政务的官吏的要求，问题的关键不在于其自身行为的正确与否，而在于不能做坏事。“故治者不贵其自是，而贵其不得为非也。”对于

上述这个要求，我们似乎感到有些言不尽意，这种对官吏的要求标准好像有些低，但若审慎思考，可能就是另一个境界了。《淮南子·主术训》引用孔子的话“勿使可欲，毋曰弗求；勿使可夺，毋曰不争”，强调“不要助长人的贪欲，但也不要压抑人的正常要求；不要鼓励人争名争利，但也不要人放弃合理的竞争”。这样恰到好处，人的欲望能合理释放，真正的公正合理之道才能得以实行。这种名利观实在具有超时代的意义。

每一个国家都欲达到长治久安，每一个民族都希望屹立于世界民族之林，《淮南子·主术训》认为国家赖以生存下来的东西是“仁义”，“国之所以存者，仁义是也”。人赖以生存的东西则是“行善”，“人之所以生者，行善是也”。一个国家一旦没有了“仁义”，那即使大国也必亡无疑；一个人一旦没有了“善心”，就是勇武有力也必定会受到伤害。

20 世纪末的中国学界，重提“学术史研究”，很大程度上是为了解决自身的困惑。因此首先进入视野的，必然是与其息息相关的“二十世纪中国学术”①。那么，21 世纪中国理论界的学术研究，更应当着眼于“理论的形而下”，关注社会现实，将理论和实践有效地结合起来，从而发挥理论的应有价值，也为理论的完善奠定坚实的实践基础。

① 杨栋，曹书杰．二十世纪《淮南子》研究［J］．古籍整理研究学刊，2008，1.

第三章

《淮南子》治国理民之要术——权

内容摘要：《淮南子》关于“权”的思想受儒家学说的影响较大，将“权”定位于圣人治国理民之要术，强调统治者在选人、用人和治世过程中应当具备权衡意识，掌握权变方法，只有圣人才能知权、行权，表明了对“圣人行权”的期待，提出了限制权力的思想。本章主要通过对其中关于“权”的内容的深入考察、分析，管中窥豹，从整体上把握《淮南子》一书中关于“权”的论述，希冀以史实之“砖”，引今日社会治理良策之“玉”，对于我们今天推进法治国家的建设、社会管理创新，更好地规制权力、行使权力，有可资借鉴的现实意义。

关键词：淮南子；治国；理民；权

自人类进入阶级社会、分化为统治阶级和被统治阶级以来，作为统治阶级对社会进行统治和治理所赖以实施的基础和根源之一的“权”便受到广泛的关注和深入的研究。历史上，关于“权”的论述之多，从对于“权”的不同定位和内涵可见一斑。一个“权”字在不同的话语背景之下有着相异的意义。对于历史上“权”的用意和论述进行深入的挖掘和研究，对于我们今天推进现代化进程，建设社会主义法治国家，更好地规制权力，无疑有着丰富的现实意义，希冀以史实之“砖”，引今日社会治理良策之“玉”，是我们对历史资源进行学术性研究和应用性策略借鉴的基本立足点。

《淮南子》作为一部旷世奇书，其内容可以说是“牢笼天地，博及古今”，但其中关于统治之术、治世策略和社会治理作为其骨干脉络或者说著书的主要宗旨所在，这一点已经得到研究《淮南子》学者的广泛认同。任何情况下，言及统治之术、治世策略和社会治理，必然涉及“权”的问题。如何认识“权”、定性“权”、定位“权”、使用“权”、规制“权”等一系列问题都是围绕着“权”而展开的。《淮南子》中关于“权”有着广泛的论述，由于《淮南子》内容驳杂，其思想受到各家思想的影响，其中关于“权”的思想受儒家学说的影响较大，引用了孔子关于“权”的论述，并对其进行拓展，使其与探究治道之宗旨相融合，在对于“权”的定位方面，将“权”定位于圣人治国理民之要术，强调统治者在选人、用人和治世过程中应当具备权衡意识，掌握权变方法，只有圣人才能知权、行权，表明了对“圣人行权”的期待，提出了限制权力的思想。本章主要将研究的重点放在《汜论训》的内容上，通过对其中关于“权”的内容的深入考察、分析，管中窥豹，进而从整体上把握《淮南子》一书中关于“权”的论述。

一、权的内涵和功用

（一）权衡和权势

1. 作为动词的“权”，用以“权衡”意

《淮南子》在两种意义上使用“权”。借鉴孔子关于“权”的论述，作为动词的“权衡”，孔子提出“权”，主张权宜、变通，目的正在于防止执礼过死，以利于礼更好地贯彻①。

2. 作为名词的“权”，用以“权势”意

《淮南子》论述之中没有直接界定“权势”的具体内涵，而是用了一个类比的方式借以说明“权势”的内涵。“权势者，人主之车舆；爵禄者，人臣之辔衔也。”② 在此可以从以下几个方面理解：一是将“权势”类比为“车舆”，“车舆”的作用在于驾乘和运输，在古代是一种威慑和利益所在。二是“权势”的主体，也就是说“权势”是归属于人主所有的，“权势”是人主的“权势”。三是君主利用权势所具有的力量能够达到支配或指挥臣民的目标，从而形成、巩固和维持统治秩序。

（二）权衡和权势各自的价值和功用

众所周知，汉朝初期正是各项制度刚刚建成还没有成熟、程序初立而又未形成定轨，一切还都在摸索之时，社会仍处于动荡、转型阶段，很多事情的发生前所未见，没有现成的先例可以遵循，在此境况之下须根据具体情势进行损益、改进、变更、比较和衡量，目的正在于防止执礼过于呆板和僵化，以利于礼更好地贯彻和实施。而作为立志于寻求治世之良策的《淮南子》的撰述者们，不可能无视这一社会现实，书中的大量论述也印证了其力图契合现实之需、能够对当世之统治和治理产生积极影响的努力。从实质上而言，权衡是包含了衡量和权变两种处理事物的方式。衡量是在既有标准的支配下对衡量对象与标准的符合程度的一种度量，得出与标准相符或相异的结论，再根据这个标准做出决策。权变重在强调“变”，在“权”（依笔者之见，即是衡量之后），对于不符合标准或实际的东西进行改变。从宏观上而论，其着眼点在于推进现实之进步和发展。

《淮南子》作为治世之策，其中一个构思就是糅合道、法、儒关于驾

① 王连龙．论孔子与“权”［J］．辽宁师范大学学报：社会科学版，2001，5.

② 《淮南子·主术训》。

驭臣下、治理国家的种种主张，这些主张均为编撰者所认同①。该书非常重视权势在治国中的作用，并对其进行了比较详尽的论述。“权势者，人主之车舆；爵禄者，人臣之辔衔也。”② 将这句话直译出来就是，权力帝位是君主的车子，爵位利禄是君主驾驭人臣的缰绳和嚼头。“车子、缰绳和嚼头”对于驾车的重要性是不言而喻的。与此同理，“权势、爵禄”对于君主的重要性更是值得重视的，对于国家的统治也是十分关键。因此，作为君主最关键的是要掌握着权势要害和控制着封赏爵禄的权柄，把握着处事缓急的分寸、施予剥夺的节奏，因而天下人也能竭尽能力而不倦怠。

将权势的作用概括为“车舆”和“辔衔”，认为君主如果能掌握利用好权势，那么对于教化民众和驾驭臣下而言，就非常容易了。“摄权势之柄，其于化民易矣。”

二、权而用其长——实用主义权衡观

（一）人皆有之——人之情莫不有所短

今天我们常说“人无完人，金无足赤”，意在强调每一个人都有优缺点。《淮南子》也认为“言人莫不有过，而不欲其大也”③，每一个人都有其缺点，可能出现这样或那样的过错，这个客观现实必须有勇气去面对，但并没有泛泛地停留在仅仅承认“言人莫不有过”这个层面上，而是进一步论述了具有缺点的人应该怎么选用，即“夫人之情，莫不有所短。诚其大略是也，虽有小过，不足以为累；若其大略非也，虽有闾里之行，未足大举”④。关于《淮南子》主张如何选人、用人，下文将予以详论。

（二）选才任贤之道——重大略轻小节，权而用其长

在选人的标准方面，《淮南子》提出了“权而用其长”“重大略轻小

① 李秀华．并存不废，会通所长——《淮南子》治国思想论析［J］．辽宁大学学报：哲学社会科学版，2009，5.

② 《淮南子·主术训》。关于对《淮南子》中“权势”的论述，戴黍：《试析〈淮南子〉关于“权”的思想》一文有所论述，载《孔子研究》，2006 年第 4 期。

③ 《淮南子·氾论训》。

④ 《淮南子·氾论训》。

节”“小过不掩大美”的选人、用人原则，并以一系列的例子来加以佐证。

用齐桓公发现并任用宁戚的故事来说明选人之时要“重大略轻小节”，用人之时要“权而用其长”，发挥人的长处和优势，避开其不足和缺点。宁戚想向齐桓公谋求官职，宁戚用治理天下的道理游说桓公，桓公听了后大喜，打算任用宁戚。大臣们纷纷规劝，这位宁戚是卫国人，卫国离我们齐国不远，君王你不如派人到卫国去查访一下，如查访的结果说明宁戚是位贤者，真正有才干，没有什么缺点，再任用他不迟。桓公说，不妥。去查访他，只不过担心他有什么小毛病而已；“以人之小恶而忘人之大美，此人主之所以失天下之士也”①。因人家的小毛病却忽视人家的大优点，这正是贤明君主失去天下士人的原因所在。故老子曰：“天大，地大，道大，王亦大。域中有四大，而王处其一焉，以言其能包裹之也。”“天大，地大，道大，王亦大”是宇宙间的四大，一个君主能够居于宇宙间的四大之一，这就要求君王应像天地大道那样包容一切，能够容忍有大才之人细小的缺点和不足。正所谓，“人有厚德，无问其小节；而有大誉，无疵其小故”②。

一个人的小节可以忽略，小过也难以掩饰大才，但一个人的大略必须重视，也就是要“重大略”。因为只有具有大略之人，做事才能取得成功，能够委以大任。用一反一正的对比事例来论述大略对于人才的重要性。

“段干木，晋国之大驵也；而为文侯师。孟卯妻其嫂，有五子焉；然而相魏，宁其危，解其患。景阳淫酒，被发而御于妇人；威服诸侯。此四人者，皆有所短，然而功名不灭者，其略得也。”上述事例中的每一个人都有着各自的缺点和不足，但他们都能够“功名不灭”，就是因为他们“略得也”的缘故。而相反的事例是“季襄、陈仲子，立节抗行，不入洿君之朝，不食乱世之食，遂饿而死。不能存亡接绝者何？小节伸而大略

① 《淮南子·道应训》。
② 《淮南子·氾论训》。

屈”，在一般人眼里，季襄、陈仲子可谓是“英雄”，他们能够“立节抗行”，然而却难以保住自己的性命，其原因在于他们“小节伸而大略屈”，难怪作者发出了“不能存亡接绝者何”的感叹之言。所以，在小事上处处谨慎的人是不会有大作为的，而那些专爱对别人吹毛求疵的人也大都不为众人所容。

（三）识人预事之道——观小节知大体

在观察、衡量一个人是否具有才干和大略的时候，必须有一些具体的方法，这些方法的运用就显得尤为重要了。根据笔者的总结，概而言之，《淮南子》“权”的思想蕴含了“观小节可以知大体”识人预事之法。《淮南子·氾论训》从“今志人之所短，而忘人之所修，而求得其贤于天下，则难矣”的困境出发，寻求解决之道。在经过考察论证之后，提出了“观小节可以知大体”的宏观原则。

在“观小节可以知大体”这一原则的指导之下，《淮南子·氾论训》具体阐述了一些观人知事的方法，“故论人之道，贵则观其所举，富则观其所施，穷则观其所不受，贱则观其所不为，贫则观其所不取。视其更难，以知其勇；动以喜乐，以观其守；委以财货，以论其仁；振以恐惧，以知其节；则人情备矣”。所以，识别评判人的方法有以下几种：对地位显赫的权贵者，要观察他是怎样做事情的；对富有者，要看他是怎样施舍人家的；对穷困者，要观察他不接受什么，接受什么；对卑贱者，要观察他不愿意做什么。将一个人处于危难的境地，就能观察到他的勇气如何；对一个人，用他最喜欢的东西去打动他，就能观察到他的道德操行如何；将货物钱财交付给一个人，看他如何处理，就能观察到他的仁爱如何；把一个人置身于恐惧无助的境地，就能观察到他的气节如何。如此一来，从多方面对一个人反复考察，就能知道这个人的才干品行等大概的情况了。

（四）权衡论事——策、礼、法与时而变

以上是权衡在选人、用人中的具体运用，在具体的事情之中，如何权

衡，要遵循哪些原则，《淮南子》亦有较为详尽的论述。

1. 权“策”而变

“道”在《淮南子》的哲学之中居于重要的地位，也可以说，整个《淮南子》的论述都是以“道”为哲学基础的，在权衡变化方面，《淮南子》认为在治理国家的“无为大道”坚守不变的前提之下，首先应当根据实际不断改变具体的治理策略。正所谓“至道无为，一龙一蛇，盈缩卷舒，与时变化”①。

2. 权“礼”而变

作为维护统治秩序、上下等级关系的“礼”也是应当变化的，“故圣人制礼乐，而不制于礼乐”“礼与俗化”“是故世异则事变，时移则俗易”。在此强调礼作为维护上下等级关系的规则不应抱残守缺，要“与俗化”“与时易”。而作为社会变化引领者的圣人更是应当“制礼乐”，而不应当“制于礼乐”。

3. 权“法”而变

作为治理国家之工具的“法”更是应当与时而变的。“法与时变”“法度制令，各因其宜，故变古未可非，而循俗未足多也”。法令应当随着时势的变换而不断变化，要适宜于社会实际的需要。只要现实需要，改变先人制定的法令也无可非议。

需要予以强调的两点：一是上述的权衡情势进行变革必须有一定的条件，如“法度制令各因其宜”，法令制度的变化要根据实际情况，与实际相适宜；二是变革的目的是为了更好地治理国家，治理国家的目的是“利民”。在此，“利民”成了治国、变革、除旧的最高宗旨和必须遵循的原则，“治国有常，而利民为本；政教有经，而令行为上。苟利于民，不必法古；苟周于事，不必循旧”。

① 《淮南子·俶真训》。

三、知权、行权、限权——对权力的设计与期待

（一）知权——认识权力

1. 知权的主体——圣人

《淮南子》认为只有圣人才能够“知权”，圣人之所以能够“知权”是因为圣人能做到“言必信，期必当”。《周书》上有这么几句话，“上言者，下用也；下言者，上用也。上言者，常也；下言者，权也”。其意思是说，经典之言，为臣下采用；权变之言，为君王采用。这经典之言说的是正常的道理，而权变之言说的是权变的道理。因为臣下做的事情大都是根据君王的命令而行就可以了，因此，只要掌握正常的道理即可；而君王则不然，他需要面对多且复杂的情势，这些事情往往是以前未曾遇到过的，关乎国家的存亡，需要不断地变化应对，因此需要掌握权变的道理。

那么，这些关乎国家生死存亡的学问和道理从何掌握？《淮南子》认为“此存亡之术也，唯圣人为能知权”。圣人知权的原因何在？是因为圣人有着不同于一般人的品行，那就是圣人能“言而必信，期而必当，天下之高行也”①。就是说圣人说话恪守信用，约定的事履行约言并付诸行动，这是天下公认的高尚品行，具有这些品行的圣人就能够“知权”。

2. 知权的标准——忤而后合者

在上述“圣人知权”的思想之下，《淮南子》提出了“知权”和“不知权”的标准，“故忤而后合者，谓之知权；合而后舛者，谓之不知权；不知权者，善反丑矣”②。所以，要先与原则性相违背，之后再回到常规，与原则性相符合，称之为“知权”；不能够回到常规与原则性相符合，称之为不“知权”。在此，看似前后矛盾，实则充满着辩证的色彩，从不同角度，甚至相反的角度看待并思考问题。

---

① 《淮南子·氾论训》。

② 《淮南子·氾论训》。

（二）行权——圣人行权

在上述“圣人知权”的基础上，《淮南子》又进一步提出了“圣人行权”的主张。在提出这一主张的过程中，是从做事的不同而逐步推导出来的。

如果粗略地划分，可以将事情分为四类，即“事有可行而不可言者，有可言而不可行者，有易为而难成者，有难成而易败者”①，有些事情是可以做但不能说的，有些事情是可以说但不能做的，有些事情是容易做但难以成功的，有些事情是既难做成又相当容易做坏的。对于不同的事情，应当采取不同的方法去做，即“可行而不可言者，趋舍也；可言而不可行者，伪诈也；易为而难成者，事也；难成而易败者，名也”②。也就是说，对于可以做而不可以说的，要学会取舍，有选择性地做或不做；可以说而不能做的，因事情只能说说，而难以甚至不能做成，比较容易给人一种欺骗的印象；容易做但难以成功的，是指事业，事业需要付出努力和艰辛才能够成功；既难做成又相当容易做坏的，是指名声，一个人要拥有好名声很难，保持自己的好名声更难，但如果想把自己的名声败坏却很简单。

上面四种不同的事情都有着不同的策略，一个疑问就是，谁能够掌握这些分辨和做事的策略，《淮南子》认为只有圣人才能够达到此境界。“此四策者，圣人之所独见而留意也。詘寸而伸尺，圣人为之；小枉而大直，君子行之。”③ 这四方面的策略，只有圣人有独到的见解并且时刻留意。圣人的处事原则一般都是，小处可以弯曲，大处必须站直，我们所提倡的“原则的坚定性和策略的灵活性”与此有着异曲同工之妙。

（三）限权——规制权势

权势为君主所掌握，掌握着权势的君主有可能滥用权势，不利于统治持续和社会的治理，基于此种考量，《淮南子》提出了限制君权、规制权

---

① 《淮南子·氾论训》。
② 《淮南子·氾论训》。
③ 《淮南子·氾论训》。

势的思想，该思想可以分为三个层次。

第一层次，用法令来限制君权，使权势不被滥用。“法者，天下之度量，而人主之准绳也。”① 法律不仅是“天下度量”，更是“人主准绳”，强调法律不但是用来治理民众的，更是规制君主的行为和手中的权力的。

第二层次，规制权势的目的在于“使无擅断”。“法籍礼仪者，所以禁君，使无擅断也。”② 在任何一个时代，掌握权力的人是最容易滥用权力的。君主一人掌握着权势，其行为若没有任何制约，内心没有任何的敬畏，很可能利用手中之权势伤害民众，造成社会混乱。因此，要用法令对君主的行为和掌握的权势进行规制。

第三层次，人主“检式仪表，令行天下”。一个开明的君主应当带头遵守法令，故而才能够令行于天下，得到民众的拥护，即“人主之立法，先自为检式仪表，故令行于天下”③，达到社会治理的理想境界。

---

① 《淮南子·主术训》。
② 《淮南子·主术训》。
③ 《淮南子·主术训》。

第四章

《淮南子》的辩证思想

内容摘要：《淮南子》从新道家的立场出发，对先秦诸子百家理论进行批判、总结和归纳，为新朝西汉提供合乎时代需要的治国方略。《淮南子》中充满着辩证思想，从不同角度解读《淮南子》都会有不同的收获。本章从不同角度对《淮南子》的辩证思想进行解读，给我们的启示是：有所为，有所不为，才能有所大为；有所变，有所不变，才能应对万变；有所争，有所不争，才能争之能胜；有所治，有所不治，才能顺乎民生。

关键词：《淮南子》；无为；大为；辩证思想

《淮南子》著述所蕴含的思想以道家为主，综合了儒、墨、名、法等多家思想，博采众长、博大精深。它从新道家的立场出发，对先秦诸子百家理论进行批判、总结和归纳，为新朝西汉提供合乎时代需要的治国方略。《淮南子》蕴含的法律思想是以法家思想为本源和理论依据，但是并没有对法家思想进行全盘地继承和吸收，而是有批判地吸收，并且形成了独树一帜的法律思想。《淮南子》受道家思想影响很深，所蕴含的行政伦理思想与和谐理念却超越了道家思想。《淮南子》的入世与道家思想的避世形成鲜明的对比。《淮南子》中的和谐，是一种法制与伦理框架下的安稳有序，看重的是一种良好治理状态下的运行，更多强调的是治理秩序的一种最佳的状态，而不仅仅是老庄哲学所向往的那种对自然淳朴的回归意识。从不同角度阅读《淮南子》都会有不同的收获，《淮南子》给我们的启示是：有所为，有所不为，才能有所大为；有所变，有所不变，才能应对万变；有所争，有所不争，才能争之能胜。

一、有所为，有所不为，才能有所大为

《淮南子》所表达的无为是自然的、纯真的无为，并不是无所作为，而是在无为之中流露着有所作为，其论及的基本倾向是“欲一言而寤，则尊天保真；欲再言而通，则贱物而贵身；欲叁言而究，则外物而反情”①。所谓“道德”“人事”，即体现了宇宙观与社会政治相沟通的积极入世精神，所谓“贵身”“保真”“外物而反情”，即展示了人生价值取向和超越情怀。《淮南子》无为论强调人的能动作用，主张待时而变。它在儒、道、法重规律的“因”观念基础上，主要继承和发挥了新道家的“因”思想为其应用原则，把法家的时变思想也结合起来，使其论说更强调人的能动作用。

《淮南子》提出“君臣异道则治，同道则乱。各得其宜，处其当”“君

① 参见《淮南子·要略训》。

制臣，臣事君”① 的主张，也就是要求君道无为，必须臣道有为。这是指君主治国要无为而治，不显露自己的聪明智慧，但有为之臣要善于施展才能，集中臣下的力量和才智为君主所用。因此，君主必须以无为的姿态，利用法、术、势来驾驭群臣。说：“人主执正持平如从绳准高下，则群臣以邪来者犹以卵投石。”“人主诚正则直士任事而奸人伏匿也。”“人主贵正而尚忠，忠正在上位，执政营事，则谗佞邪无由进矣。”② 这些是说以“公正”之法度来考核群臣。又说：“有术则制人，无术则制于人。”“圣王之治者，其犹造父之御……而失手驷马之心，而能不危者，古今未有也。”③ 这说明君主治国同驭手驾车一样，关键在于以权术驾驭群臣。《淮南子》中又云：“人主处权势之要，而持爵禄之柄，审缓急之度，而适取予之节，是以天下尽力而倦。”“权势之柄，其以移风易俗矣。”“怯服勇而愚制智，其所托势者胜也。”④ 这说明君主凭借所处最高的权势去驾驭群臣，达到移风易俗、天下大治的目标，其内含有“君尊臣卑”的儒法思想。如有“夫臣主之相与也，非有父子之厚，骨肉之亲也，而竭力殊死，不辞其躯者何也？势有使之然也……人之恩泽使之然也。”“君不能赏无功之臣，臣亦不能死无德之君。”⑤ 这些都是与统治者加强君主集权的需要分不开的。

《主术训》提出“因循而任下，责成而不劳”的思想，就是因循常规任用下属，监督他们各尽其责而君主自己不必操劳费力，使“有一形者处一位，有一能者服一事”⑥。这一思想吸收儒家尚贤、知人善任的思想和法家因任授官、循名责实的思想，使之有利于君主集权统治。道法无为，要求最高统治者也要带头守法，“法籍礼义者，所以禁君，使无擅断也。”⑦ 也就要求君主在法律规定的范围内活动，不得以私情破法。

---

① 参见《淮南子·主术训》。
② 参见《淮南子·主术训》。
③ 参见《淮南子·主术训》。
④ 参见《淮南子·主术训》。
⑤ 参见《淮南子·主术训》。
⑥ 参见《淮南子·主术训》。
⑦ 参见《淮南子·主术训》。

二、有所变，有所不变，才能应对万变

作为汉代的黄老道家著作，《淮南子》继承了先秦道家的思想而又有所发展。战国时期，道家代表人物老庄在政治观上都有浓厚的复古倾向，老子向往小国寡民、结绳而治的原始社会，庄子则以混沌未开的远古时代为至德之世。《淮南子》则吸收了先秦法家韩非子向前看的历史观，主张治道与时变化，认为一代有一代的政治，明确地反对法古而治。《淮南子》以是否利民为准则，提出只要有利于民，就可以不必法古循旧。

如："治国有常，而利民为本；政教有经，而令行为上。苟利于民，不必法古；苟周于事，不必循旧。"① 上到治国的制度礼仪，下到民生日用中的器械，都应该根据历史条件而随时更新："故圣人法与时变，礼与俗化。衣服器械，各便其用；法度制令，各因其宜。故变古未可非，而循俗未足多也。""常故不可循，器械不可因。"② 文章特别反对一些不知变通的拘执腐儒的法先王论调，进一步阐述了："先王之制，不宜则废之；末世之事，善则著之。""法与时变，礼与俗化；衣服器械，各便其用；法度制令，各因其宜。"③ 这是法与时变的核心内容。《淮南子》用近似法家的口吻说："是故世异则事变，时移则俗易。故圣人论世而立法，随时而举事……是故不法其已成之法，而法其所以为法。所以为法者，与化推移者也。"④《淮南子》还提出不要"以一世之度制治天下"⑤。这种"法与时变"的思想与司马迁的主张是极为合拍的。

从法律思想的视角，法家也认为法必须与现实相符合，随着时代及社会需要而作迅速变更，不能泥古而不化。商鞅说："礼法以时而定，制令

① 参见《淮南子·氾论训》。
② 参见《淮南子·齐俗训》。
③ 参见《淮南子·齐俗训》。
④ 参见《淮南子·齐俗训》。
⑤ 参见《淮南子·说林训》。

各顺其宜……治世不一道，便国不必法古。”① 韩非子也说：“治民无常，惟法为治，法与时转则治，治与世宜则有功。故民朴而禁之以名，则治；世智而维之以刑，则从。时移而法不易者，乱；世变而禁不变者，削。故圣人之治民也，法与时移，而禁与世变”②。与法变与时变思想相联系的是关于制礼作乐的问题。《淮南子》旗帜鲜明地支持以公羊家为代表的儒生和阴阳方士们的改制理论，认为一个朝代应该有一个朝代的礼乐。文章说：“礼者，实之文也；仁者，恩之效也。故礼因人情而为之节文。”③ 文章又说：“故五帝异道，而德覆天下；三王殊事，而名施后世，此皆因时变而制礼乐者。”④ 还说：“夫殷变夏，周变殷，春秋变周，三代之礼不同，何古之从？”⑤ 五帝三王都各自有不同的礼乐制度，礼乐都是根据不同时代的人情时俗而制定的，不能片面地强调古礼。刘安站在黄老道家的立场，却从理论上表示对汉家制礼作乐的支持，这种思想是非常难得的，是与时俱进的。

三、有所争，有所不争，才能争之能胜

《淮南子》的《主术篇》专门探讨人君南面之术，即专讲君主的统治之“道术”，更为具体就是治人和治法的手段和方法，在《主术篇》中强调了术、势和权的综合运用。特别是战国后期的法家也主张权、术、势和法的全面系统之治。这也表明了《淮南子》对先秦法家思想的继承，特别是对法家权、术、法、势的吸收和运用。如：“主术者，君人之事也。所以，因（作）任督责，使群臣各尽其能也。明摄权操柄以制臣下，提名责实，为之参伍，所以使人主秉数持要，不妄喜怒也。其数直施而正邪，外私而立公，使百官条达而辐辏，各劳其业，人致其功，此主术之明也。”⑥

① 参见《商君子·更法》。
② 参见《韩非子·有度》。
③ 参见《淮南子·齐俗训》。
④ 参见《淮南子·氾论训》。
⑤ 参见《淮南子·氾论训》。
⑥ 参见《淮南子·主术训》。

这就是君主用法制政令的方法对臣下进行公开控制的“明术”的方法之一。

当人们对人事的内心评判转向为法律制度时，预示着法律与道德开始整合，法家思想中融入道德的血肉，结果便是儒法的产生和伦理法的问世。荀子说，“治之经，礼与刑”，政治之道的根本在于道德教化和刑罚威慑两手，相互补充致使天下大治。《淮南子》中也阐明了道德与法律的关系：“故圣人所由曰道，所为曰事。道犹金石一调不更。事犹琴瑟每旋改调。法制礼义，治人之具也，而非所以为治也……天下岂有常法哉?”① 无论法律制度还是礼义道德，都是政治的手段，两者不可偏废，应相互融通，方能发挥更好的效果，而单纯地讲礼治或单纯地讲法治都是行不通的。甚至，《淮南子》中表现为对道德的评价高于对法律的评价，如：“治之所以为本者，仁义也；所以为末者，法度也。”②

四、有所治，有所不治，才能顺乎民生

《淮南子》的思想凸显出了强烈的民本意识。重民思想历来都为封建统治者所看重，《淮南子》对民本思想有了另外一种诠释。《老子》：“我无事，而民自富；我无欲，而民自朴。”道家思想历来主张不过分压抑民心，《淮南子》某种程度上继承了先秦道家的这一思想。

与民休息的无为治国思想从根本上来讲就是道家的自然哲学与统治者的政治哲学的统一为用的结果。张广德认为“无为本质上可以理解为是无违的法治理性主义特征。”③ “无为者，非谓凝滞而不动也，以其言莫从己出也。”④ 无为从本质上来说就是因时应变，顺其自然，从而实现以静制动，以不变应万变。徐复观认为在无为概念的理解上《淮南子》在某种程

① 参见《淮南子·汜论训》。

② 参见《淮南子·泰族训》。

③ 张德广，程文琴．简论淮南子无为而治理政治观的基本特征［J］．理论建设，2004（05）．

④ 陈广忠．淮南子译注［M］．长春：吉林文史出版社，1996.

度上做了命题的转换：即以法治为无为，以其言莫从己出而系从法出为无为。一般而言，我们可以把无为的治国理论分解成两个方面：一方面是人与自然的关系，在这层关系里的无为就是指自然现象的客观法则；另一方面是指国家治理，具体论述统治者与民众的关系，这也是无为学说最主要的方面。《淮南子》也还是延承着汉初无为而治的治国方向，主张与民休息，安抚民心。认为理想的国家治理应该是遵从民众的意愿，做到尽量少扰民，以使得民众保持善良淳朴的本性。这样做对国家的稳定和统治者的利益无疑都是很有裨益的。同时，《淮南子》认为统治者自身也要："圣人内修其体，而不外饰其末。保其精神，偃其智故，默然无为而无不为也，惔然无治而无不治也。"

第五章

《淮南子》用人思想与柏拉图的用人观

内容摘要：《淮南子》的“圣人之治”和柏拉图在“理想的统治者”的选择上具有相似性：均重视“人”的作用，“以人为本”，在人才选择上注重德才兼备。这对我国当今人才的选拔和任用有着借鉴意义。

关键词：《淮南子》；圣人之治；哲学王；公务员

古今中外，对执行公务的人员有不同于普通人的要求是非常普遍的。比较了《淮南子》“待圣而后治”的思想和柏拉图“哲学王”的思想，发现两者在前述问题上的见解具有惊人的一致性。

一、柏拉图与“哲学王”

柏拉图①（公元前427—公元前347年）是古希腊的大哲学家，他一生大部分时间居住在古希腊民族文化中心的雅典。他热爱祖国，热爱哲学。其代表作《理想国》，不仅是哲学家的宣言书，而且是哲人政治家所写的治国计划纲要。在谁应当统治者以及统治者应当符合何种标准的问题上，柏拉图提出了“哲学王”的主张。“只有在某些必然性碰巧迫使当前被称为无用的那些极少数的未腐败的哲学家，出来主管城邦（无论他们出于自愿与否），并使得公民服从他们管理时，或者，只有在正当权的那些人的儿子、国王的儿子或当权者本人、国王本人，受到神的感化，真正爱上了真哲学时——只有这时，无论城市、国家还是个人才能达到完善。”②简言之，哲学家作统治者，统治者必须是哲学家，这便是“哲学王”的政治主张。他说：除非哲学家成为我们这国家的国王，或者我们目前称之为国王和统治者的那些人物，能严肃认真地追求智慧，使政治权力与聪明才智合而为一，否则的话对国家甚至对全人类都将祸害无穷。哲学王就是高超智慧、完美德行、真实知识与绝对权力的结合，担负着在现实城邦中传播至善理念，实现道德理想国的重任。

柏拉图的“哲学王”主张和其正义观有密切的关系。柏拉图深信，人生来就是不平等的。他认为这种不平等是在其共和国中确立等级制度的一个正当依据。第一等级是“护国者”，老天在铸造他们时在他们身上加入了黄金，他们是国家的最高统治者，负责监护国家和处理政事。第二等级

① ［古希腊］柏拉图．理想国［M］．郭斌和，张竹明，译．北京：商务印书馆，1986.
② ［古希腊］柏拉图．理想国［M］．郭斌和，张竹明，译．北京：商务印书馆，1986.

是“保国者”，老天在铸造他们时加入了白银，他们也是统治者，负责抵御敌人，保卫国家。第三等级是“供养者”，老天在铸造他们时加入了铜和铁，他们是农民、手艺人和生意人，他们的任务是用产品去供养前两种人。柏拉图认为，要使国家长治久安，这三种人必须各安其位，各司其职。在柏拉图看来，正义意味着“一个人应当做他的能力使他所处的生活地位中的工作”①。

关于“哲学王”的条件，柏拉图特别强调优生、教育及制定法律。首先以抽签的形式由统治者秘密挑选天性最优秀的男女婚配，以此生育出天性最好的婴儿。在教育方面，他们在不知道自己父母的情况下被送至育儿院，接受音乐和体育方面的良好训练，以期成为合格的护卫者，并为以后成为哲学王打好基础。最后，哲学家应为城邦制定法律。

在“哲学王”的培养问题上，柏拉图强调“良好的记性，敏于理解，温文尔雅，爱好和亲近真理、正义、勇敢和节制”②，但只有当他们韶华已逝的时候才允许对他们进行辩证法方面的训练，只有当他们的体质开始衰退，又已过了公共与军事服务的年龄，才可允许随意进入这块神圣的领域。在此领域，他们可以通过辩证法和理性看到善的理念，并在此理念的指引下认识万物的实在；也只有这样，他们才能成为城邦合格的继承人，城邦也才能永远在善的指引下长存。

对于柏拉图的《理想国》和其所主张的“哲学王”，见仁见智，誉之者有之，毁之者亦有之，各求所安。波普尔对柏拉图“哲学王”的政治主张极力反对。他的批评③主要有：第一，他认为，柏拉图提出的“哲学王”的概念时，“诉诸集体功利原则是终极的道德思考”④。“哲学王”的提法具有功利主义的欺骗性。波普尔举出了柏拉图著作中“高贵的谎言”之说

① 转引自：［美］博登海默．法理学——法律哲学与法律方法［M］．邓正来，译．北京：中国政法大学出版社，2004.

② ［古希腊］柏拉图．理想国［M］．郭斌和，张竹明，译．北京：商务印书馆，1986.

③ 参见刘伟：柏拉图“哲学王”思想述评 http：//www. xslx. com/htm/zlsh/xfzx/2006-07-14-20173. htm。

④ 波普尔．开放社会及其敌人［M］．陆衡，译．北京：社会科学出版社，1999.

来证实这一论点。哲学家可以不相信真理；相反，他们可以为了城邦的利益而采取包括欺骗在内的各种手段。第二，波普尔认为“通晓真正的护卫职位的奥秘、掌握破解其钥匙的，除柏拉图外别无他人”①，这就意味着，柏拉图通过《理想国》意欲表明哲学王就是他自己，而该书就是他本人对神圣权力的要求。波普尔引用了康德的观点“国王成为哲学家，或者哲学家成为国王，似乎是不可能发生的，也不需要发生，因为权力之位将不可避免地降低理智及独立判断的能力。然而，一位国王或是如国王般的人，也即自我管制的人及人民，不应压制哲学家，而应该给他们公开言论的权利，这一点无论如何是不可或缺的”。波普尔还说：“我们必须重视这一事实，即在哲学王统治背后隐藏的是对权力的追求，给最高统治者的画像就是一幅自画像”②。第三，波普尔认为柏拉图强调的出身论是“种族主义”③。第四，在“领导的原则”这一章中，波普尔认为，哲学王的主张是理想主义的。因为统治者很少在中等人之上，无论在道德上还是在智慧上，而且常常是在中等之下，所以政治生活中应该接受的原则是：“我们要尽可能地为最差的统治者做好准备。”④ 当然，我们也应想办法得到最好的。因为“很难找到其品格不被绝对权力腐蚀的人”⑤。也有其他的批评者认为柏拉图的《理想国》具有反人性的一面⑥。

二、《淮南子》与“圣人”

法律不是万能的，法只是社会治理手段之一种。“法者，治之具也，而非所以为治也。”⑦ 法必须仰赖具有圣贤品质的人对其加以合理使用，也

---

① 波普尔．开放社会及其敌人［M］．陆衡，译．北京：社会科学出版社，1999.

② 波普尔．开放社会及其敌人［M］．陆衡，译．北京：社会科学出版社，1999.

③ 波普尔．开放社会及其敌人［M］．陆衡，译．北京：社会科学出版社，1999.

④ 波普尔．开放社会及其敌人［M］．陆衡，译．北京：社会科学出版社，1999.

⑤ 波普尔．开放社会及其敌人［M］．陆衡，译．北京：社会科学出版社，1999.

⑥ 鲁晓静：柏拉图《理想国》反人性的一面——读《理想国》有感，http：//www. chinampaonline. com/article/list. asp？ id＝173.

⑦ 《淮南子·泰族训》。

即法必待圣人而后治。“法虽在，必待圣贤而后治；律虽具，必待耳而后听。国之所以存者，非以有法也，以有贤人也。”①《淮南子》对立法、行政之君主提出了“圣贤”的要求②：第一，有识见之才。“治乱之源”在于“道”，君主之“知道”“得到”为“行道”的前提，是立法、执法的根据，也是君主为民制法的基本保证。“心不知治乱之源者，不可令制法，必有独闻耳，独见之明，然后能擅道而行矣。”③ 第二，严格自律、公正无私。《主术训》云：“人主之立法先自为检式仪表，故令行于天下。”“人主之用法，无私好憎，故可以为命。”“尊贵者不轻其罚，而卑贱者不重其刑。”④ 第三，应时求变。“治国有常，而利民为本，苟利于民，不必法古。”因此，“圣人论世而立法，随时而举事。”⑤

《淮南子》“圣人之治”观源于其务实的人性论。《淮南子》一方面承认人性的差异，另一方面，又不将这种差异绝对化，而强调从现实入手施以教化、治理。其强调才能、道德作为品评人物的标准，而不是依据人的身份来区分贵贱。由此所自然衍生出的则是具有禀赋的“圣人”⑥。在《淮南子》中，“圣人之治”是一种理想状态，要达到这种状态，必需的条件是：第一，为治者本身是注重内在修养的虚静、节欲、率性的“得道”的圣人；第二，为治者能够对人性有精确的了解和把握，做到“不易民性”；第三，为治者要注重事功⑦。

三、“英雄所见略同”

柏拉图和淮南王，两个不同国度、不同时期的思想巨人可能都会遭受同样的批判——法治理想主义者的批判，用现在“法治”的眼光去挑剔古

① 《淮南子·泰族训》。
② 戴黍. 淮南子治道思想研究［M］. 中山：中山大学出版社，2005.
③ 《淮南子·汜论训》。
④ 《淮南子·主术训》。
⑤ 《淮南子·汜论训》。
⑥ 戴黍.《淮南子》人性与治道思想论析［J］. 华南师范大学学报，2005（06）：131.
⑦ 戴黍.《淮南子》人性与治道思想论析［J］. 华南师范大学学报，2005（06）：132.

人未免有点苛刻。两个具有惊人相似的思想在经历近似的遭遇以后仍能为后人津津乐道，这本身不能不让人对此仔细思考。法律不是万能的，法治也并非万无一失的。社会是人的社会，社会的治理——不管采用何种工具——最终都要靠人来完成。忽视人的作用，盲目夸大僵死的法律的作用只会让法治走得越来越远。正确对待“人”的作用，正确对待柏拉图和《淮南子》关于“人”的思想，进而正确对待人治是迈向法治之路的理性态度。笔者认为，柏拉图的“哲学王”和《淮南子》的“圣人”都是对人的选择和重视，对人性的理解和尊重。具体来说，至少在如下方面，二者是“英雄所见略同”：

第一，均重视人的作用。《淮南子》所谓的“圣人之治”是在分析了法本身的局限性的基础上而提出的。“法能杀不孝者，而不能使人为孔曾之行，法能刑窃盗者，而不能使人为伯夷之廉。”① 在《淮南子》中，法虽然在治国理民中有非常重要的价值，但却不是最根本、最妥善的方式。法的存在和实施必须依赖礼义。“不知礼义，不可以行法。”② 柏拉图也有相同的看法，他认为，“法律绝不可能发布一种既约束所有人同时又对每个人都真正最有利的命令。法律在任何时候都不可能完全准确地给社会的每个成员做出何谓善德、何谓正当的规定。人之个性差异、人之活动的多样性、人类事务无休止的变化，使得人们无论拥有什么技术都无法制定在任何时候都可以绝对适用于各种问题的规则。”③ 柏拉图认为，法律的原则是由抽象的、过分简单的观念构成的。然而，简单的原则是无论如何也不能用来解决复杂纷繁的事务状况的。因此，“最佳的方法不是给予法律以最高权威，而是给予明晓统治艺术、具有大智大慧的人以最高权威”④。

---

① 《淮南子·泰族训》。

② 《淮南子·泰族训》。

③ 柏拉图：《政治家篇》。转引自：［美］博登海默：《法理学——法律哲学与法律方法》，邓正来译，中国政法大学出版社 2004 年修订版，第 76-77 页。

④ ［美］博登海默：《法理学——法律哲学与法律方法》，邓正来译，中国政法大学出版社 2004 年修订版，第 77 页。

第二，均注重选择优秀人才。《淮南子》所提倡的“圣人”主要集中于德、才两个方面，另外其“应时求变”的要求符合辩证法原理，并且，这里的“变”必须是“利民为本”。对于柏拉图“哲学王”的要求持非议者较多，然笔者认为，柏拉图所谓“哲学王”并非就是哲学专家。从其概括的“优生、教育、良好的记性、敏于理解、温文尔雅、爱好和亲近真理、正义、勇敢和节制”这些词语来看，柏拉图无非是强调“统治者”要有良好的身体条件、高尚的品德和出色的才华。不论其用何词概括，但“择优录取”是其意思之根本。即使柏拉图强调“统治者”要是哲学专家，其也并没有否定除哲学以外的其他条件。

第三，均提倡“以人为本”。柏拉图关于人的三个等级的划分遭受非议颇多，以至于有人认为柏拉图的理论是违反“人性”的①。但笔者认为，这正是“以人为本”思想的体现。辩证唯物主义认为，人与人之间是有差别的，不仅是在外形上，还有学识、能力等。忽视人与人之间的差别，“一刀切”地处理恰是对人性的违背。柏拉图所谓的人的“等级”在笔者看来更近似于人的“类型”，人可以因能力、学识等划分为不同的类型，但并不一定存在等级的差别。等级判定的标准是人的尊严和地位，金质的人可能在哲学上优于铜质的人，但在尊严上却可能是一样的。《淮南子》“以民为本”的思想更为明显。“圣人之治天下，非易民性也。”② 治理天下的要诀是依据人民的本性，制定各种法度、规范，理想的政治是圣人就本然的人性制定法度并加以教导的过程③。

不可否认，《淮南子》的“圣人”和柏拉图的“哲学王”都是对“统治者”的要求。但若回到本章开始的案例上来，关于我国公务员的选拔和任用待深思的问题还有很多。近几年来，围绕公务员选拔和任用发生了各种各样的案例，有的是因为身高，有的是因为相貌，有的是因

① 鲁晓静：柏拉图《理想国》反人性的一面——读《理想国》有感，http：//www. chinampaonline. com/article/list. asp？ id=173.

② 《淮南子·泰族训》。

③ 戴黍.《淮南子》人性与治道思想论析［J］. 华南师范大学学报，2005（06）：131.

为乙肝，等等。毋庸置疑，为了更好地执行公务，根据不同的职位设定不同的限制性条件是有必要的。但问题是，是不是所有的限制都是有必要的？有些限制是否有违公务员录用之初衷？《淮南子》和柏拉图的“公务员”录用标准是朴素的、单纯的，但其原旨是高尚的——尊重人性、以人为本。古人尚且如此，我们深信，今天的我们能够做得更好。

第六章

《淮南子》法律思想与法家思想

内容摘要：本章首先分析了《淮南子》思想形成于西汉前期汉景帝时代，它是合乎当时历史环境的治国方略；法家思想形成于春秋战国时期，两千多年的封建儒法正统思想中包容了它的内容。本章进一步阐述了两者的表达目的相同，道、法家思想相互交融；都主张法与时变、礼与俗化的思想；在法律特性方面表现相似，阐述了两者在理论基础方面、追求目标和思想内容方面的区别。

关键词：《淮南子》；思想；法家思想；法律思想

《淮南子》思想以道家为主，综合了儒、墨、名、法等多家思想，是从新道家的立场上出发，对先秦诸子百家理论进行批判、总结和归纳，为新朝西汉提供合乎时代需要的治国方略。以刑与法为其核心内容的法家思想为《淮南子》法律思想的形成提供了本源上的理论依据，但《淮南子》思想并没有对法家思想进行全盘地继承和吸收，而是批判地吸收，并且形成了独树一帜的法律思想。因为《淮南子》思想与法家思想产生于不同的时代背景，有着各自的理论基础及其相异的思想内容，所以试探从不同的视角对两者的法律思想及其相异之处进行分析和阐述具有重要的历史价值和法律意义。本章试从不同的角度，运用比较的方法，对两者在法律思想方面的相异之处进行阐析。

一、《淮南子》思想和法家思想的形成及其影响

（一）《淮南子》思想的形成及其影响

《淮南子》思想的形成首先要从《淮南子》这本书的完成说起。《淮南子》是汉初诸侯淮南王刘安及其宾客幕僚集体编著，对先秦以来的思想的剪裁、加工、整理和解说的一部著作。它问世于西汉前期，具体完成于汉景帝时代[①]。《淮南子》一书的编撰完成标志着《淮南子》思想的形成。

中国思想从先秦到两汉发展是一个由分到合的综合过程：先秦的百家争鸣，到汉初被太史公整理为六家要旨[②]，其中黄老思想占主导地位，再到汉武帝独尊儒术，最终形成的并不是儒家独存的局面，而是儒、道、法互补的局面。《淮南子》虽然从道家出发进行思想综合阐述，但实际上它有着道家和其他思想的视野角度，在多个视角中游移，全书呈现出从道家思想走向儒家思想的趋势，这与汉初思想先崇黄老而终归儒术的趋势是一

① 汉景帝约为公元前156—公元前141年在位。参见陈静：《自由与秩序的困惑——〈淮南子〉研究》，昆明：云南大学出版社，2004第1版，第9页。

② 即儒、法、名、墨、道、阴阳六家。

致的。《淮南子》“集道家之大成”①，其兼收并蓄，综合了儒、墨、名、法等多家思想，但其中心思想终是那自然无为而无不为的“道”，即被称为“新道家”。也就是说，以道家思想为主体和核心，对儒、墨、名法各家思想有批判，有吸收，而吸收的部分大都置于新道家思想的统帅下②。如《淮南子》中所讲“持以道德，辅以仁义”③ 正是对“新道家”的表述。

当秦汉完成中国的统一，为思想提供一个“天下”的背景时，思想也需要具有代表性的“整体”或“全体”的因素，也就是它需要有反映普遍化的、代表“全体”的天意或道理。汉初统治者充分吸取秦亡的教训，摒弃“严刑峻罚”，采取“休养生息”的措施，恢复了民族的繁荣。这一时期经济由衰败转为昌盛，政权由分裂走向集中，思想由多元趋向统一，整个社会发展到了一个新时代。这一时期的思想融合，需要一个基本的思想立场来担当融合的主体，在融合过程中，一些流派消亡，而另一些流派上升为思想融合的主体，百家争鸣逐步走向综合，其中阴阳家和名家太空洞，法家与墨家太具体，因其狭隘和缺乏博大，逐渐被儒家包容而丧失其独立地位。

在这样思想融合的大背景下，有可能担当思想主体的，就只有儒家和道家了。从历史的实际来看，以儒家为中心的融合是汉代大儒董仲舒推动的，其代表性著作是《春秋繁露》；以道家为中心的思想融合是淮南王及其势力推动的，其代表性著作是《淮南子》。当时汉武帝对《淮南子》的态度是欣赏和“爱秘之”，由此可看出道家思想不被重用，被束之高阁。汉武帝独尊儒术，儒家自然成为主流，但道家思想并没有被全盘否定，而是对其进行有选择地吸收。《淮南子》以道家为主，也兼有儒、名、法等多家思想，其思想繁复，历史价值不可低估。

---

① 胡适．淮南王书［M］．新月书店，1931.

② 杨有礼．新道鸿烈：《淮南子》与中国文化［M］．郑州：河南大学出版社，2001.

③ 参见《淮南子·览冥训》。本处与下文各处参见《淮南子》各章具体内容均出于阮青注释：《淮南子》，北京：华夏出版社，2000 年第 1 版。

《淮南子》的主要编者刘安兼具诸侯王与学者的双重身份，他一方面有着在封国内进行治理的经验，习惯于从“有国者”的地位关注治道方略；另一方面又承袭了先秦以来学者的理论修养与学术追求。相应地，《淮南子》也带有了“人地之理究矣，人间之事接矣，帝王之道备矣”的特点①，证实“纪纲道德，经纬人事”是全书的根本宗旨。

《淮南子》的写作本意在此处得到反映：“若刘氏之书，观天地之象，通古今之事，权事而立制……故置之寻常而不塞，布之天下而不窕。”② 从中可以看出他是站在新道家的立场上对西汉以前的诸子百家治国理论进行批判性的总结，归纳治国过程中的经验与教训，并试图兼容先秦以来各家学说的精华，以构筑自己新的理论体系，为新统一的封建国家提供合乎其治国理想、适应时代需要的治国方略。《淮南子》备受两汉学者的重视，被后世书籍广泛引用以及乾嘉以来的许多学者为之整理、研究，说明了它对后世的学术思想有着重大影响。

（二）法家思想的产生及其影响

“法家”一词，最早是由西汉初年的思想家司马谈在其《论六家要旨》中提出的，他把先秦时期的各家学说分为六家，即阴阳、儒、墨、名、法、道等，并对这六家的思想特征作出了总结和评价。在论及法家时，司马迁说，“法家不别亲疏，不殊贵贱，一断于法”，“法家严而少恩，然其正君臣上下之分，不可改也。”③ 可见，法家思想倾向于刑、法，而有别于礼仪仁德。

法家学派是春秋战国社会大变革的产物，法家的产生可以上溯到春秋末期的管仲、子产、邓析，但形成是由李悝完成。《汉书·艺文志》法家类，首列《李子》三十二篇，注云“名悝，相魏文侯，富国强兵”，史载李悝“撰次诸国法，著《法经》”。李悝总结了春秋战国时期各国立法经

---

① 戴黍．《淮南子》中的“无为”及其思想史意义［M］．哲学研究，2006（03）．

② 参见《淮南子·要略训》。

③ 王蘧常．中国历代思想家传记汇诠（先秦分册）［M］．上海：复旦大学出版社，1989．具体参见其中《史记子·太史公自序》篇。

验，提出了完整的法律理论，完成了中国第一部系统的成文法典《法经》[①]。至此，法家思想初成体系，法家才成为一个学派，李悝自然被称为法家学派的始祖。

战国时期，法家思想进一步发展。商鞅受李悝的影响，根据李悝的法经思想到秦国变法，之后，又有韩非、李斯等发扬光大，法家学派成为不可忽视的力量。法家思想综合了当时许多学派中的思想精华，它不仅吸收了儒家思想，而且采撮了墨家、道家、名家等多家思想。在刑名思想及成文法的影响下，经过法家学派人物的实践，使得法家思想理论不断充实和完善，最终使中国历史迈向了一个新的、统一的时代。

支配春秋、战国以至秦统一时法律内容全体的根本原理是法家的学说[②]。法家学说是法家思想的最集中表现，它不仅对当时秦国独成霸主，随后又统一中国有举足轻重的作用，而且对两千多年封建社会的政治统治、经济发展和社会秩序的维护功不可没。法家思想不像儒家思想融入中国传统文化而成其血肉之躯，而是潜藏于儒家思想深处，成为其不可缺少的脏器，即今天我们常讲的“外儒内法”。

二、《淮南子》中法律思想与法家思想的相同之处

（一）两者的表达目的相同，道、法家思想相互交融

法家思想与《淮南子》中的法律思想都强调了富国强民的重要性，都以治国为己任，亦是不同治国方略的体现。法家思想中含有道家的思想内容，《淮南子》不仅以道家为本，且包容法家、儒家等多家思想内容，初步实现了道家和法家的交融。

《淮南子》以道家为宗，兼采儒、法、墨、阴阳等多家思想，是为了寻求维护汉王朝统一和稳定的理论方案，为适应社会大一统的现实服务的。法家思想是为了富国强兵，实现中央集权和君主专制服务的，也暗含

① 朱锋．法家思想形成的原因［J］．陕西教育学院学报，2000（04）．
② 杨鸿烈．中国法律思想史［M］．北京：中国政法大学出版社，2004.

了王朝统一和社会稳定的大局方向。

韩非子乃为先秦法家思想集大成者，但其思想本源，却受到道家尤其是黄老道论的深刻影响，以道家为依的《淮南子》自然是道家的新发展之力作，可见两者思想有着共同的本源。

《淮南子》的《主术篇》专门探讨人君南面之术，即专讲君主统治之“道术”，更为具体点就是治人和治法的手段和方法，强调了术、势和权的综合运用。法家，特别是战国后期的法家也主张权、术、势和法的全面系统之治。这也表明了《淮南子》对先秦法家思想的继承，特别是对法家权、术、法、势的吸收和运用。如：“主术者，君人之事也。所以，因（作）任督责，使群臣各尽其能也。明摄权操柄以制臣下，提名责实，为之参伍，所以使人主秉数持要，不妄喜怒也。其数直施而正邪，外私而立公，使百官条达而辐辏，各劳其业，人致其功，此主术之明也。”① 这就是君主用法制政令的方法对臣下进行公开控制的“明术”方法之一。

当人们对人事的内心评判转向为法律制度时，预示着法律与道德开始整合，法家思想中融入道德的血肉，结果便是儒法的产生和伦理法的问世。荀子说：“治之经，礼与刑。”政治之道的根本在于道德教化和刑罚威慑两手，相互补充致使天下大治。《淮南子》中也阐明了道德与法律的关系：“故圣人所由曰道，所为曰事。道犹金石一调不更。事犹琴瑟每旋改调。法制礼义，治人之具也，而非所以为治也……天下岂有常法哉？”② 无论法律制度还是礼义道德，都是政治的手段，两者不可偏废，应相互融通，方能发挥更好的效果。单纯地讲礼治或单纯地讲法治都是行不通的。《淮南子》中表现为对道德的评价高于对法律的评价，如：“治之所以为本者，仁义也；所以为末者，法度也。”③

（二）两者都主张法与时变、礼与俗化的思想

作为汉代的黄老道家著作，《淮南子》继承了先秦道家的思想而又有

① 参见《淮南子・主术训》。
② 参见《淮南子・汜论训》。
③ 参见《淮南子・泰族训》。

所发展。战国时期，道家代表人物老子和庄子在政治观上都有浓厚的复古倾向，老子向往小国寡民、结绳而治的原始社会，庄子则以混沌未开的远古时代为至德之世。《淮南子》则吸收了先秦法家韩非子向前看的历史观，主张治道与时变化，认为一代有一代的政治，明确地反对法古而治。《淮南子》以是否利民为准则，提出只要有利于民，就可以不必法古循旧。如："治国有常，而利民为本；政教有经，而令行为上。苟利于民，不必法古；苟周于事，不必循旧。"① 上到治国的制度礼仪，下到民生日用中的器械，都应该根据历史条件而随时更新："故圣人法与时变，礼与俗化。衣服器械，各便其用；法度制令，各因其宜。故变古未可非，而循俗未足多也。""常故不可循，器械不可因也。"② 文章特别反对一些不知变通的拘执腐儒的法先王的论调，进一步阐述了："先王之制，不宜则废之；末世之事，善则著之。""故圣人法与时变，礼与俗化；衣服器械，各便其用；法度制令，各因其宜。"③ 这是法与时变的核心内容。《淮南子》用近似法家的口吻说："是故世异则事变，时移则俗易。故圣人论世而立法，随时而举事……是故不法其已成之法，而法其所以为法。所以为法者，与化推移者也。"④《淮南子》还提出不要"以一世之度制治天下"⑤。这种"法与时变"的思想与司马迁的主张是极为合拍的。

法家也认为法必须与现实相符合，随着时代及社会需要而作迅速变更，不能泥古而不化。商鞅说："礼法以时而定，制令各顺其宜……治世不一道，便国不必法古。"⑥ 韩非子也说："治民无常，惟法为治，法与时转则治，治与世宜则有功。故民朴而禁之以名，则治；世智而维之以刑，则从。时移而法不易者，乱；世变而禁不变者，削。故圣人之治民也，法

---

① 参见《淮南子·氾论训》。
② 参见《淮南子·氾论训》。
③ 参见《淮南子·氾论训》。
④ 参见《淮南子·齐俗训》。
⑤ 参见《淮南子·说林训》。
⑥ 参见《商君子·更法》。

与时移，而禁与世变。”①

与法变和时变思想相联系的是关于制礼作乐问题。《淮南子》旗帜鲜明地支持以公羊家为代表的儒生和阴阳方士们的改制理论，认为一个朝代应该有一个朝代的礼乐。文章说：“礼者，实之文也；仁者，恩之效也。故礼因人情而为之节文。”② 文章又说：“故五帝异道，而德覆天下；三王殊事，而名施后世，此皆因时变而制礼乐者。”③ 还说：“夫殷变夏，周变殷，春秋变周，三代之礼不同，何古之从?”④ 五帝三王都各自有不同的礼乐制度，礼乐都是根据不同时代的人情时俗而制定的，不能片面地强调古礼。刘安站在黄老道家的立场，却从理论上表示对汉家制礼作乐的支持，这种思想是非常难得的，是与时俱进的。

（三）两者在法律特性方面表现相似

《淮南子》中的法律表明了平等性。“尊贵者不轻其罚，而卑贱者不重其刑。犯法者虽贤必诛，中度者虽不肖必无罪，是故公道通而私道塞矣。”“所立于下者，不废于上；所禁于民者，不行于身。”⑤ 指出了法律面前人人平等，不能因人设法，也不能因人废法。法家也主张法律公平与平等性，比如说“刑无等级”⑥。

《淮南子》中还表达了法律的现实性、独立性和客观性。如：“夫权衡规矩，一定而不易，不为秦、楚变节，不为胡、越改容，常一而不邪，方行而不流。一日刑之，万世传之，而以无为为之。”⑦ 这说明了赏罚予夺都服从法律中的规定，不能决断于君主主观的心理想象。“古之置有司也，所以禁民，使不得自恣也；其立君也，所以制有司，使无专行也……人莫得自恣则道胜，道胜则理达矣，古反于无为。无为者，非谓其疑滞而不动

① 参见《韩非子·有度》。
② 参见《淮南子·齐俗训》。
③ 参见《淮南子·氾论训》。
④ 参见《淮南子·氾论训》。
⑤ 参见《淮南子·主术训》。
⑥ 参见《韩非子·有度》。
⑦ 参见《淮南子·主术训》。

也，以其言莫从己出也。”[①] 即道出了法律的独立性和客观性，贵贱圣愚在法律面前都受平等的待遇，不因君主的意志而左右。

《淮南子》中说：“不法其已成之法，而法其所以为法。所以为法者，与化推移者也。”[②] 这说明每条法律的制定都有其特定的社会环境，制定法律关键在于把握方法，要与万事万物变化相适应。总之，制定的法律要具有社会现实性和适用性。

法家的思想也强调了法律的平等性、独立性、客观性和现实性。管子主张：“君臣上下贵贱皆从于法。”[③] 韩非子云：“法不阿贵，绳不绕曲，法之所加，智者弗能辞，勇者弗敢争，刑过不避大臣，赏善不遗匹夫。”[④] 可见，法家主张事断于法，不讲通融，追求司法公正、刑无等级。

《淮南子》与法家的思想都强调了法律的重要性。法家认为法律是国强民富的重要手段，也是治国不可缺少的方略。《淮南子》思想中突出法律的重要性，如：“法者，天下之度量，而人主之准绳也。”“所谓亡国，非无君也，无法也。”“故法律度量者，人主之所以执下，释之而不用，是犹无辔衔而驰也。”[⑤] 这说明法律不仅要求平等，而且没有法律就不能治理天下。可见，法律是不可缺少的治国方法。

三、《淮南子》中法律思想与法家思想的区别之处

（一）两者理论基础不同

1.《淮南子》体现道法思想

道是宇宙的最高秩序，法只是人间秩序的构建工具，自然须以道为准则。道以限制人欲为总的价值，法也就以限制人的欲望为价值和以限制人的自由为目的，是道的价值在政治法制领域中的延伸和具体化，这就要求

---

① 参见《淮南子·主术训》。
② 参见《淮南子·齐俗训》。
③ 参见《管子·任法》。
④ 参见《韩非子·有度》。
⑤ 参见《淮南子·主术训》。

建立强大的公共权力来约束人的行为，为专制法律的创建和运行打下思想基础，从而阻碍了民主和自由的发展。道法思想强调法律要在“道”的统帅下创制、变更和运行。道法作用于中国古代法制建设，作为政治的附庸使其走上专制法统之路，走上重义务轻权利之路，逐渐形成了义务本位的法律体系和传统，但民主和自由也是其追求的重要目标。

《淮南子》崇尚道法。道法即以道统法，用“道”作为法的产生、制定、运行的终极依据，道法观表现“法自然”的思想。“道”是天然生成的自然良法，规制着天地万物和人间的秩序，是独立于人的主观意志之外。“法”是人间的规则，是人定法，法之于道，是包容关系。“道生法”表明了道的至上性和法的地位，又为法提供了形上的依据，是对法的神圣性和合理性的论证，提出了法不仅是刑，而且是人的权利和利益之保障。

《淮南子》吸收儒家的仁义礼制来丰富“道法”理论，使儒家和新道家互相融合，而且用“公私”观念丰富“执道生法”的理论。“若吾所谓无为者，私志不得入公道，嗜欲不得枉正术。”① 这说明道是法产生、制定的依据，道的价值是立公去私，法的价值亦然，为中国传统法律走上“义务本位”提供了理论依据。礼法制度要尽量符合人的情况，进而符合人的良知，进而符合道德，最终可能逐渐接近道的要求，成为良法，可见，道法的境界比礼法或儒法更胜一筹。道法所确定的立法价值观，就是按照道来立法，以道的价值为法的价值。道的价值过于玄虚，道用“因”“因循”的方法将高深的道和具体的事物联系起来，道的抽象价值可以通过各物各事的具体价值体现出来，逐渐世俗化。

在立法问题上，黄老道家通过人性分析论来说明立法要统一于道，《淮南子》的立论大致与此相当。“礼者，实之文也；仁者，恩之效也。故礼因人情而为之节文，而仁发怦以见容。礼不过实，仁不溢恩，治世之道也。”② 礼法制度就是将人情义理归纳、总结为制度条文。道法要求人间立

---

① 参见《淮南子·修务训》。
② 参见《淮南子·齐俗训》。

法照顾基本人性、人情，甚至还要注意吸收民间良善的风俗习惯，“所谓礼义者，五帝三王之法籍风俗，一世之迹也”①。这样的法律才能得到民众的遵守。因此，国家立法，从小处着眼，必须因人之性、合情合理；从大处立论，必须统一于道②。道尚无为而治，反对搞极端的、奢侈的、过分的行为，不主张向民众索取太多，要实行轻徭薄赋的法制政策；反之，则导致政治法制的失序。

《淮南子》说“法度”是“末”，是针对秦王朝把法治推向极端说的，它对法家的基本思想大加肯定：“法者，天下之度量，而人主之准绳也。”③认为治国不能无法，有了法，才能赏善罚恶，诛奸禁暴，因此，君主乘势行法是“主术”的重要手段。“是故权势者，人主之车舆也；大臣者，人主之驷马也。体离车舆之安而手失驷马之心，而不能危者，古今未有也。”④ 认为法与势相结合才有威力。它还提出：“故有术则制人，无术则制于人。”⑤ 这就把法、术、势联为一体了。不过《淮南子》更重视探求公正无私的执法原则，因时而变的“更法”意识，以及用“仁义”“无为”来调节法治。它说：“法定之后，中程者赏，缺绳者诛。尊贵者不轻其罚，而卑贱者不重其刑。犯法者虽贤必诛，中度者虽不肖必无罪，是故公道通而私道塞矣。”⑥ 又说：“先王之制，不宜则废之，末世之事，善则著之。”“苟利于民，不必法古，苟周于事，不必循旧。”⑦ 这些都要求统治者做到公平执法和因时而变法，它还总结了秦王朝单纯诉诸法治和过度干涉的教训，认为法的实施还必须以仁义、无为作调节。“且法之生也，以辅仁义。今重法而弃义，是贵其冠履而忘其头足也。”⑧ 它认为执法的根

① 参见《淮南子·齐俗训》。
② 龙大轩．道与中国法律传统［M］．济南：山东人民出版社，2004（01）：63.
③ 参见《淮南子·主术训》。
④ 参见《淮南子·主术训》。
⑤ 参见《淮南子·主术训》。
⑥ 参见《淮南子·主术训》。
⑦ 参见《淮南子·氾论训》。
⑧ 参见《淮南子·泰族训》。

本在于“无为”“神化”“尚贤”，故把法家与道家、儒家思想结合起来使用，即可避免申韩商鞅之治所导致的破坏性后果。

法不能移风易俗，治正人心，因而不能一味严刑重罚。法必须顺自然之道，才能起到应有的作用。“刑罚不足以移风，杀戮不足以禁奸，唯神化为贵，至精为神。”① “神化”在此表现最精粹道术的感化、教化。顺自然之道，做到诛而无怨，要求法也要服从于道，“制而诛之者，法也。民已受诛，怨无所灭，谓之道”② 这才是道的要求。

2. 法家思想发展成为儒法思想

法家推崇儒法。法家虽主张“以法为本”③，“断于法”④，只管“以法治国”⑤“垂法而治”⑥，但缺乏和贱视仁义道德的法治会造成理论的畸形发展，实践中秦王朝的法繁刑苛的暴政导致早亡的教训使得后者更加注重孔孟的礼仪仁德，到了董仲舒时代，发展成为刑阴德阳、刑德相养、德主刑辅的理论跃居政治殿堂之上，成为统治者治理国家的主要手段。从此法家的思想理论潜伏其中，实则成为其中的明术，德政则为粉饰法治的美丽外衣，实则为微暗之术。

董仲舒以自然天象比附刑德关系，推出“阴刑阳德”“先德后刑”“大德小刑”“德主刑辅”等观点，实际目的是要将道德和法律摆在一起进行讨论，纠正暴秦“不务德而务法”的偏差⑦。董氏所说的刑德论就是“治法”的方法论，刑为阴、为后、为小、为辅，并不是不要刑，而是要在德阳、德先、德大、德主的旗帜之下，机巧地运用法律，流露出刑不可废的思想，如：“发刑罚，以立其威。”“庆赏刑罚之不可不具也，如春夏

① 参见《淮南子·主术训》。
② 参见《淮南子·诠言训》。
③ 参见《韩非子·饰邪》。
④ 参见《史记·太史公自序》。
⑤ （唐）房玄龄注．管子［M］．上海：上海古籍出版社，1989.
⑥ （秦）商鞅．商君书［M］．北京：改革出版社，1998.
⑦ 龙大轩．道与中国法律传统［M］．济南：山东人民出版社，2004.

秋冬不可不备也。”① 之后，历代的法制实践都是在“德主刑辅”的指导下进行的，甚至还强调“明刑弼教”，即用刑罚来帮助推行道德教化，实则是在搞“外儒内法”的治法之道。

封建儒家法律思想的主要内容为：奉天顺时，法自君出；德主刑辅，先教后刑；礼律结合，应经合义；法有等差，简法恤刑②。中国两千年封建法制的指导思想为德主刑辅一点也不言过其实，实际上德从未为主过，刑也从未为辅过，德与刑的关系是表里关系，而非主次关系，表面重视道德教化，暗地里却重视法和刑的力量，形成一阳一阴的法律模式。

道家的运动思想轨迹是“宇宙—社会—人生”，由外向内推移；儒法诸家运动思想轨迹则为“人生—社会—宇宙”，由内向外推移，最终都用道来契领和汇总，正像秦汉以来采用大一统的政治体制，这种高度专制集权的制度，为限制人欲和众生自由思想的膨胀而把国家的军政财法等一切权力，通过层层地方政府和多元多轨的官僚机构向上集中在皇帝手中，形成一元化领导的人为现象，与群星拱卫北极星的自然景观相对应。这正是儒家法中德礼思想的功劳。

（二）追求目标不同

1.《淮南子》反映了民主与民意的思想

民主的重要表现是利民和安民。《淮南子》中说：“治国有常，而利民为本；政教有经，而令行为上。”③ 利民是治国的常规政策，它认为一切刑赏、教化等通行的政令，都以“利于民”“周于事”为根本原则，而不是简单地以古今定是非，既不必效法古代，又不必遵循旧例。这一政策思想与《商君书·更法》的“苟可以利民，不循其礼”相同，是采撷法家，不同于老庄以“愚民”为治国原则，也不同于儒家以“仁民”为原则。

《淮南子》也提出“因民”和“安民”政策。所谓“因民”，就是依

---

① 分别参见董仲舒著《春秋繁露》之《威德所生》和《四时之副》，具体参见钟肇鹏：《春秋繁露校释》，山东友谊出版社，1994 年第 1 版。

② 程维荣．道家与中国法文化［M］．上海：上海交通大学出版社，2000.

③ 参见《淮南子·氾论训》。

据民众的客观实际去治理民众。“安民”并非不讲法制和教化，而是用因民性、因民心、因民之欲而立法教人。《淮南子》中又说：“圣人之治天下，非易民性也……故因其性则天下听从，拂其性则法县（悬）而不用。”①《淮南子》认为圣人治理天下，并不是强行改变民众的品性，而是因循民众具有的素质，因势利导，劝善禁奸，从而能使民众听从教化和号令。“赏一人而天下誉之，罚一人而天下畏之。故至赏不费，至刑不滥。”②反之，违背民众的意愿和品性，水则覆舟，法令虽明晰，也不会执行，从而失去其作用。可见，严刑峻法只能加剧社会矛盾，是民不安宁的重要原因。《淮南子》说：“乱世之法，高为量而罪不及，重为任而罚不胜，危为禁而诛不敢……故虽峭法严刑，不能禁其奸。何者？力不足也。”③ 这说明法律不是万能的，有其局限性。又说：“末世之政则不然……执政有司……无以异于执弹而来鸟，挥棁而押犬也，乱乃逾甚。”④ 只有君王为政民主清明，方能实现国泰民安、天下太平。

《淮南子》在任用人才上坚持了民主和公平的原则，不因人废言，也不因人废法。如：“使言之而是，虽在褐夫刍荛，犹不可弃也；使言之而非也，虽在卿相人君，揄策于庙堂之上，未必可用。是非之所在，不可以贵贱尊卑论也。”⑤

《淮南子》认为法律产生于道义，产生于人间社会，因此要求符合民意，要体现大多数人的利益，如：“法生于义，义生于众适，众适合于人心，此治之要也。”“法者，非天堕，非地生，发于人间，而反以自正。”⑥

在法律的执行上要求君主自觉带头遵守，做到上行下效。如：“变法者，非无法也，有法者而不用，与无法等。是故人主之立法，先自为检式

① 参见《淮南子·泰族训》。
② 参见《淮南子·氾论训》。
③ 参见《淮南子·齐俗训》。
④ 参见《淮南子·主术训》。
⑤ 参见《淮南子·主术训》。
⑥ 参见《淮南子·主术训》。

仪表，故令行于天下。”“故禁胜于身，则令行于民矣。”① 在法的施行上，要求君主清明执行法律，公正法治，以身作则，大臣要贤明，这样才能实现君臣上下公正执法，以达到“无为而治”。如：“明主之赏罚，非以为己也，以为国也。适于己而无功于国者，不施赏焉；逆于己便于国者，不加罚焉。”② 又如：“故国之所以存者，非以有法也，以有贤人也；其所以亡者，非以无法也，以无贤人也。”③ 法律要靠人们来遵守，要依贤臣来执行和运用，才能实现国家大治。

2. 法家思想崇尚君主专制

从商鞅的“仁义不足以治天下”“圣王者不贵义而贵法”④，到韩非子的“不务德而务法”“法者，事最适者也”⑤ 力求做到事事有法可依，这样就潜藏着单方面的、孤立的、片面的和专制的思想倾向，为法家主张君主独裁提供了依据。在强调“以法为本”的前提下，法家强调法、术、势要结合使用。“术”主要是君主掌握驾驭群臣的一种权术；“势”就是权位，君主拥有至高无上的权力和地位。在法家看来，“凡人君之所以为君者，势也。故人君失势，则臣制之矣。”韩非子说：“君无术则弊于上，臣无法则乱于下，此不可一无，皆帝王之具也。”⑥ 这说明法、术、势都是巩固君主集权的工具。法家认为仅有势而无法，不是法治，只是人治；有法无势，就会使君主失去权威。强调势只能由君主一人独揽。要做到独裁，还要有术。商鞅提出“君操其本，臣操其末；君治其要，臣治其详”。韩非子也提出“独视之谓明，独听之谓聪，能独裁者，故可以为天下主”⑦，独裁不是什么都由君主来裁决，而是要掌握赏罚大权（刑德“二柄”），使“群臣畏其威而归其利”⑧，服从君主指挥。

---

① 参见《淮南子·主术训》。
② 参见《淮南子·缪称训》。
③ 参见《淮南子·泰族训》。
④ 参见《商君书·画策》。
⑤ 分别见《韩非子》《显学篇》《问辩篇》。
⑥ 参见《韩非子·定法》。
⑦ 参见《韩非子·外储说右上》。
⑧ 参见《韩非子·二柄》。

纵观整个法家的理论，专制与人治贯穿始终，其施行的是“君—法—人”的模式，而这一模式在本质上还是“人治主义”的。君主凌驾于所有社会成员之上，是法的言说者和制定者，“权者，君之所独制也”①。君就是法，君言就是法令，臣下和民众只是乖巧地履行听命者，“有生法，有守法，夫生法者，君也，守法者，臣也，法于法者，民也。”② 这实质上还是人治主义。法家的言论目的，总体是为封建专制主义和尊君服务的，虽然他们也力求变法与改革，但这所有的一切并不是要改变现有的社会秩序，而是要维护和保佑它，是为了维护专制集权服务的。“有道之君贵静，不重变法。”③ 这个“法”就是指现有的社会秩序。

（三）思想内容表达不同

1.《淮南子》思想体现了自然无为

《淮南子》所论的基本倾向是“欲一言而寤，则尊天而保真；欲再言而通，则贱物而贵身；欲参言而究，则外物而反情”④。它所表达的无为是自然的、纯真的无为，并不是无所作为，而是在无为之中流露着有所作为。所谓“道德”“人事”，即体现了宇宙观与社会政治相沟通的积极入世精神，所谓“贵身”“保真”“外物而反情”，即展示了人生价值取向和超越情怀。

《淮南子》无为论强调人的能动作用，主张待时而变。它在儒、道、法重规律的“因”观念基础上，主要继承和发挥了新道家的“因”思想为其应用原则，把法家的时变思想也结合起来，使其论说更强调人的能动作用。

《淮南子》提出“君臣异道，各得其宜，处其当” “君制臣，臣事君”⑤ 的主张，也就是要求君道无为，必须臣道有为。这是指君主治国要

① 参见《商君书·修权》。
② 参见《管子·任法》。
③ 参见《韩非子·解老》。
④ 参见《淮南子·要略训》。
⑤ 参见《淮南子·主术训》。

无为而治，不显露自己的聪明智慧，但要善于有为之臣施展才能，集中臣下的力量和才智为君主所用。因此，君主必须以无为的姿态，利用法、术、势来驾驭群臣。文章说："人主执正持平如从绳准高下，则群臣以邪来者犹以卵投石。""人主诚正则直士任事而奸人伏匿也。""人主贵正而尚忠，忠正在上位，执政营事，则谗佞邪无由进矣。"① 这些是说以"公正"之法度来考核群臣。文章又说："有术则制人，无术则制于人。""圣主之治也，其犹造父之御……而失手驷马之心，而能不危者，古今未有也。"②这说明君主治国同驭手驾车一样，关键在于以权术驾驭群臣。《淮南子》中又云："人主处权势之要，而持爵禄之柄，审缓急之度，而适取予之节，是以天下尽力而倦。""权势之柄，其以移风易俗矣。""怯服勇而愚制智，其所托势者胜也。"③ 这说明君主凭借所处最高的权势去驾驭群臣，达到移风易俗、天下大治的目标，其内含有"君尊臣卑"的儒法思想。如："夫臣主之相与也，非有父子之厚，骨肉之亲也，而竭力殊死，不辞其躯者何也？势有使之然也……人之恩泽使之然也。""君不能赏无功之臣，臣亦不能死无德之君。"④ 这些都是与统治者加强君主集权的需要分不开的。

《主术训》提出"因循而任下，责成而不劳"的思想，就是因循常规任用下属，监督他们各尽其责而君主自己不必操劳费力，使"有一形者处一位，有一能者服一事"⑤。这一思想吸收儒家尚贤、知人善任的思想和法家因任授官、循名责实的思想，使之有利于君主集权统治。道法无为，也要求最高统治者要带头守法，"法籍礼义者，所以禁君，使无擅断也。"⑥这就要求皇帝在法律规定的范围内活动，不得以私情破法。

2. 法家思想表现为专任刑罚而治

中国古代历代成文律典，从本质上讲大多数为刑法，即使其中包含某

① 参见《淮南子·主术训》。
② 参见《淮南子·主术训》。
③ 参见《淮南子·主术训》。
④ 参见《淮南子·主术训》。
⑤ 参见《淮南子·主术训》。
⑥ 参见《淮南子·主术训》。

些民事或政事方面的内容，但其制裁措施表现为单一的刑罚手段，重则砍头断脚，轻则鞭击棍打，对法律的重视实则为加大法律的打击力度，久之，法律便走上重刑之路。专任刑罚而治的主要表现如下：

首先是主张用重刑，轻罪重罚。商鞅说："人主之所以禁使者，赏罚也。"① "禁奸止过，莫若重刑。"② 韩非子提出："重刑明民，大制使人则上利。行刑重其轻者，轻者不至，重者不来，此谓以刑去刑。"③ 他还认为实施重刑的理由是："刑胜则民静，赏繁则奸生。"④ 实际上，他主张宁可罚重，不可滥赏，充分体现了法家轻罪重罚的思想。

其次要求赏罚得当。韩非子说："功当其事，事当其言则赏；功不当其事，事不当其言则罚。"⑤ 做了什么事，该记什么功，该给什么赏都要相适应。既不能冒功冒赏，也不准隐报功劳。若允许搞"罚不当名"，就可能有人利用它来搞阴谋，祸害就更大了。所以，"罚不当名"的都要受到处罚。此外，韩非子还强调各级官吏都要各司其职，不能渎职，也不准越职，否则就要受罚。

最后，他们强调了实行重刑的目的。其一，重刑的根本目的并不在于惩治犯罪者本人，而是以一儆百，控制整个社会的各种犯罪行为。韩非子说："重刑者，非为罪人也，明主之法揆也。治贼非治所揆（当治）也，治所揆（当治）也者，是治死人也。刑盗非治所刑也，治所刑也者，是治胥靡也。"⑥ 就是说，明主之所以加重刑罚，目的并非要罚某一个或某些人，而是要用法来维持社会秩序。其二，人总是有所畏才有所惧，有所惧才有所思，有所思才不轻举妄动。韩非子说："人有祸则心畏恐，心畏恐则行端直，行端直则思虑熟，思虑熟则得事理。"⑦ 实行重刑，就是要制造

① 参见《商君书·禁使》。
② 参见《商君书·赏刑》。
③ 参见《韩非子·饰令》。
④ 参见《韩非子·心度》。
⑤ 参见《韩非子·二柄》。
⑥ 参见《韩非子·六反》。
⑦ 参见《韩非子·解老》。

一种威慑气氛，使人们不为一时的冲动、欲望所驱使，用理智的力量控制自身的行为。另外，由于人的心理特点总是“度而取长，称而取重，权而索利”①，所以，如果人犯小罪而蒙受重罚，人们经过权衡，发现犯罪之利抵不上所受之罚，这样就不愿去犯罪，这正是“民不以小利蒙大罪，故奸必止者也”。相反，人犯大罪而蒙受轻罚，人们通过比较，犯罪之利大于所受之罚，人们就会为了获利而犯罪。所谓“民慕其利而傲其罪，故奸不止也”②。法家思想认为，要想禁奸止过不可用轻刑，而要采用重刑，如“罪重刑轻，刑至事生，此谓以刑致刑，其国必削”③。韩非子也说：“所谓重刑者，奸之所利者细，而上之所加焉者大也……所谓轻刑者，奸之所利者大，上之所加焉者小也。”④ 重刑就是国家对罪犯的处罚比其犯罪所获得的好处重，反之就是轻刑。可见，法家主张法治就是要用重刑。

---

① 艾永明．法家的重刑思想值得借鉴［J］．法学，1996（11）．

② 参见《商君书·靳令》。

③ 参见《商君书·靳令》。

④ 参见《商君书·六反》。

第七章

和谐语境下《淮南子》行政伦理思想

内容摘要：中国古代的政治家们早就习惯于把伦理思想融贯于行政治理的各个方面，《淮南子》在这方面的蕴涵也比较丰富。因此，对《淮南子》行政伦理思想中的一些辩证思想进行系统的梳理，很有研究价值。另外，《淮南子》对社会问题的辩证分析视角，对于规范我们当前的行政治理，也具有较强的借鉴意义。本章从对古代政治家的道德入世分析出发，分析了《淮南子》中蕴含的效法天道、顺乎自然的思想。

关键词：和谐语境；《淮南子》；效法天道；行政伦理

行政伦理学作为一门新兴的行政管理学科，最早兴起于西方。但是在中国古代的政论思想中，早已蕴含了大量的关于行政伦理思想的内容。中国自古就是一个注重社会伦理的国度，中国古代的政治家们也早就习惯于把伦理思想融贯于行政治理的各个方面①。因此，从某种程度上来说，中国古代的统治哲学就是行政学和伦理学交错融生的产物。在中国古代的政论文献中，政治家们给予更多关注的也许只是策略的运行和国家的治理，关于行政伦理思想的系统阐述，并不是很多。相比之下，《淮南子》在这方面的蕴涵就比较丰富。因此，对《淮南子》行政伦理思想中的一些辩证思想进行系统的梳理，很有其研究价值。另外，《淮南子》对社会问题辩证的分析视角，对于规范我们当前的行政治理，也具有很强的借鉴意义。

《淮南子》受道家思想的影响很深，这和汉代初期的国家治理政策不无关系。汉初注重国力的恢复和社会秩序的有序，主张无为而治。但是《淮南子》中所蕴含的行政伦理思想却早已超脱了道家思想原本的面目。刘安本人就是一个政治实践家，因此《淮南子》中透露出很强的入世色彩，而道家思想从根本上而言是消极避世的。《淮南子》注重政治家自我的道德修养，但这种对自我的看重是为了更好地参与国家的治理，以实现修身、齐家、治国、平天下的宏伟抱负，而道家思想中对个体修养的认识则没有深入到这一点。《淮南子》和老庄哲学本身都很看重“和谐”。从政治学的角度来讲，“和谐”意味着社会的安定有序，《淮南子》中的“和谐”，是一种法制与伦理框架下的安稳有序，看重的是一种良好治理状态下的运行，更多强调的是治理秩序的一种最佳状态，而不仅仅是老庄哲学所向往的那种对自然淳朴的回归意识。由此可见，《淮南子》与道家思想虽来自一脉，但是在实质内容上已经相差很远了。

---

①　徐复观．两汉思想史卷二［M］．上海：华东师范大学出版社，2001.

一、内圣而外王的道德入世

（一）中国古代政治家“由内而外”的济世情怀

中国古代的政治家们一直就有这样一种“由内而外”的济世情怀，修身、齐家、治国、平天下就是对他们最为恰当的表述①。《淮南子》中的行政理论思想也没有超脱出这一点。《修务训》：“圣人不以身贱为耻，而以德之不行为愧。”《缪称训》也谈道：“运于近，成文于远。夫察所夜行，周公渐乎景，故君子慎其独也。”这句话本意是指成大事者必须要勤于修身，而不能好高骛远。由此可见，《淮南子》继承并发展了中国古代君子慎独的思想，把慎独当成一种道德境界，认为慎独是强化自我认识、提高自我修养的一种方法，同时也是对君子处身立世的一种道德要求。慎独强调的是一种自觉性，也就是坚持自己的道德信念，摒弃外界因素的影响，永远依道义和内心的道德律行事，从而做到不自欺、不欺人。

《主术训》云：“人主之立法先自为检式仪表，故令行于天下。”“所立于下者，不废于上，所禁于民者，不行于身。”其一，君主本人首先要率先垂范循法。其二，君主执法须公正无私。《缪称训》坚称君主之立法“非以为己”，《主术训》云：“人主之于用法，无私好憎，故可以为命。”法既定之后，天下人包括君主在内，皆应共同遵守，“中程者赏，缺绳者诛。”“尊贵者不轻其罚，而卑贱者不重其刑。”其三，必须坚持利民为本，因时权变。《氾论训》云：“治国有常，而利民为本……苟利于民，不必法古。”因此，“圣人论世而立法，随时而举事。”其四，“节欲”“省事”。《主术训》说：“君人之道，处静以修身，俭约以率下；静则下不忧也，俭则民不怨也；下忧则政乱，民怨则德薄。”认为统治者要“节欲”“省事”，爱惜民力，节省财富。《淮南子》中，处处可见这种“内胜外王”“由内而外”的济世情怀，这与刘安所处的时代环境无疑是分不开的。

---

① ［英］安乐哲·滕复·主术．中国古代政治艺术之研究［M］．北京：北京大学出版社，1995.

（二）《淮南子》中统治者个人修养价值的历史局限性

《淮南子》对统治者个人修养的过分看重是有着很强的现实局限性的，个人的魅力也许可以有利于实现对民众的道德教化，对社会稳定也有一定的作用，但这不能从根本上解决统治危机。要想实现良好的治理需要各个方面的因素，对封建统治者来说，就是要从国家治理的环节来纠错，或许还可以延长自己的政治生命。很多学者都从阶级局限性的角度来看待这个问题，认为这是因为《淮南子》不能超脱阶级局限性而导致的。笔者认为这并不能从根本上解决现实问题。因为我们不可能要求古人超脱自己所处的时代，正像我们不能超脱一千年后的现在一样。这里面有阶级局限性的因素，但更多的还是作者个人的社会认识。在漫长的人治传统的社会里，统治者的影响力毕竟还是很大的，而在一个统治者缺少德行的社会里，看重统治者的个体修养也实在是情有可原的。我们不能强求古人在两千多年前作出符合我们今天对社会认识的判断。

二、效法大道，顺乎自然

（一）人与自然的和谐观

人与自然的关系，是人类社会发展面临的永恒主题。保持人与自然相互和谐，实现共同良性发展是《淮南子》的主要观点之一。《淮南子·本经训》说：称帝者实行无为之道，称王者效法阴阳化育万物之德，称霸者仿效四季的法则，诸侯利用六律管理国家，那么天下就可以大治。《时则训》说“天为绳，地为准，春为规，夏为衡，秋为矩，冬为权”。这就是说天的运行规律是绳墨，它能使万物正直；地的运行规律是水准，它能使万物平正。春使万物圆备，夏使万物均衡，秋使万物方正，冬使万物收藏。《淮南子》的这种论点，充分反映了两千多年前古人的一种朴素的唯物主义思想。

笔者认为《淮南子》行政治理思想中比较突出的亮点就在于看到了人与自然和谐共生的重要性：一方面主张要实现对自然的改造，让自然为我所用；另一方面又强调要尊重自然本身的发展，不能逆时而行。不仅如此，《淮南子》还为实现人与自然的和谐生态理论提出了具体而可行的几点安排。

1. 顺应天时，开发自然资源

《淮南子》在总结前人经验的基础上，加深了对四季节气的认识。《时则训》中根据不同的节气，针对自然物的生长周期，论述了从一月份到十二月份如何加强生态保护的主张。《原道训》中阐述了万物生存发展与环境的关系，提出了适者生存的观点，提出人们要善于适应和利用环境资源，而不是违背它。指出人干出的事情，都要符合“道”的规律，发表的言论与“德”相通，安适而不自傲，上下和谐就能获得成功。这些具体化的自然意识很显然来源于作者长期的生产实践和对现实的观察，其最根本的目的就是为了顺应生物的自然生长规律，只有这样才能取得良好的社会效益和生态效益，最终实现两者的双赢局面。

2. 慎杀慎伐，谨防狩猎工具的滥用

《淮南子》一书中详细列举了对动物保护的诸多措施，这在中国古代文献典籍中是很少见的。《时则训》里记载了国家设定的具体措施，严格规定动物在孕期，植物在生长期，不准随意捕杀和砍伐，必须按规定进行。《本经训》中还有不准“焚林而田，竭泽而渔”的记述等。《道应训》中还记载了一个古人保护鱼类幼苗的生动事件。《主术训》：“故先王之法，畋不掩群……鱼不长尺不得取，彘不期年不得食。”“不涸泽而渔，不焚林而猎”，作者主张效法先王时期的法制，在手段和范围上对狩猎行为进行规范：不能涸泽而渔，不能焚林而猎，杜绝用过分影响动物繁殖的手段狩猎，对动物的生存环境也要进行适当的保护。《说山训》：“欲致鱼者先通水，欲致鸟者先树木水积而鱼聚，木茂而鸟集。”同时，立法上还要加强对狩猎的规范，实行有规律的田猎制度。只有这样，才能实现生态的良好平衡，形成人与自然共生共荣的局面。

（二）“道”法自然的教化观

“道”的内涵是什么？历代学者提出了许多不同的解释。而《淮南子》

中提出的“道”，主要指的是自然和社会规律，《淮南子》中《原道训》《道应训》两篇，详细论述大道的精义。

《淮南子》以道家的“道法自然”和儒家的“天人合一”为哲学基础，形成了一套自己的国家治理学说。《主术训》：“禹决江疏河，以为天下兴利，而不能使水西流；稷辟土垦草，以为百姓力农，然不能使禾冬生。岂其人事不至哉？其势不可也。”在看重和谐的社会治理这一点上，儒、道两家可以说是不谋而合，但是它们的落脚点有着很大的不同。儒家强调道德教化，看重礼俗的引导作用；而道家则反对用礼教来束缚人心，主张实现个体生命的伸张。道家主张的是率性自然，而儒家则更看重中规中矩的安排。但是《淮南子》中所主张的效法天道、顺乎自然又少了些道家思想本源上的恣意色彩。《淮南子》主张政策和法律的制定，一定要符合实际，量力而行。“事者难成而易败也，名者难立而易废也。”“千里之堤以蛾蚁之穴漏，百寻之屋以突隙之烟焚。”这充分表达了刘安本人对社会现状达到安定和谐的积极向往。

（三）物竞天择的生存观

适者生存，物竞天择，生物的个性特征与它所生存的环境有着密切的关系。《淮南子·原道训》中说：“九疑之南，陆事寡而水事众，于是民人披发文身，以像鳞虫；短绻不绔，以便涉游；短袂攘卷，以便刺舟，因之也。”这是江南水乡泽国地区人民的性格和习俗，其中披发纹身的习俗与《礼记·王制》篇的记述一致。而雁门之北，狄不谷食，贱长贵壮，俗上气力，人不弛弓，马不解勒，便之也。这是描述塞外游牧民族的生活习性。

《淮南子·齐俗训》：“其（指尧）导万民也，水处者渔，山处者木，谷处者牧，陆处者农。地宜其事，事宜其械，械宜其用，用宜其人，泽皋织网，陵阪耕田。”这就是说，古人定居在不同自然地理环境里生存与发展，还必须懂得因地制宜发展经济，才能获得足够的生活资料，否则将被环境所淘汰。

效法天道、顺乎自然，体现了人类本身和外物的和谐共生，但又不仅仅是这一点。从本原上来说，效法天道、顺乎自然就是把自我放到大的社会环境里去考量。在这样一个考量的过程中，人不只是盲目的冲动，而是实现物与我的双向互动，这体现在国家治理实践的各个方面。从另一个角度看就是要我们在规律面前学会适当地“顺从”，不能逆天而行。《淮南子》突破了前人在人与自然的关系面前以自我为中心的桎梏，把国家的治理和万物的和谐第一次提到那么具体而现实的高度，这不能说不是《淮南子》对前人思想的一种超脱。同时，《淮南子》流露出来的强烈的生态保护意识，对于我们当代社会的和谐发展也有着十分现实的借鉴意义。实现人与自然的良性互动，是我们正在努力完成的使命。古人尚且如此，今天的我们深信能够做得更好！

三、和谐语境下的治国思想

（一）循规合律、无为而治的治世观

《淮南子》开篇就提出了“因循而任下”，即遵循自然之法则而进行治理的根本思想，要做到“进退应时，动静循理”“名各自名，类各自类”“事由自然，莫出于己”。同时列举了治世与乱世的不同情况加以对比，提出了“水浊则鱼噞，政苛则民乱”“太上神化，其次不得为非，其次赏贤而罚暴”。即首先用精神与道德的力量化育万民，其次是用制度约束百姓不做非法之事，再次才是奖赏贤者而惩罚暴虐。

规律是客观存在的，自然万物各守其分，按照其固有的规律运行，就可以达到治理的目的。自然万物如此，君臣之道也是这样。“主道员者，运转而无端，化育如神，虚无因循，常后而不先也。臣道员者，运转而无方者，论是而处当，为事先倡，守职分明以立成功也。是故君臣异道则治，同道则乱；各得其宜，处其当则上下有经相使也。”作为君主，需要给臣子预留足够的空间，不可以越俎代庖；而作为臣子，必须坚持原则，办事有序，遇事争先，建功立业。

《淮南子》说："或曰：'无为者，寂然无声，漠然不动，引之不来，推之不往，如此者乃得道之像。'吾以为不然。""且夫圣人者，不耻身之贱，而愧道之不行；不忧命之短，而忧百姓之穷。是故禹之为水，以身解于阳盱之河；汤旱，以身祷于桑山之林。圣人忧民，如此其明也，而称以'无为'，岂不悖哉!"（《修务训》）《淮南子》认为"圣人"之所以参加政治，其目的是"欲事起天下之利而除万民之害"（同上），所以不能无所作为。

《淮南子》认为，固然君主有"圣贤之资"，并得"时遇之济"，但其个人的才力仍然是有限的。《主术训》说："人知之于物也浅矣"，即言指一个人的才能总是有限的。因此，君主不仅要提高自己的才智和能力，更重要的是要"总海内之智，尽众人之力""以天下之目视，以天下之耳听，以天下之智虑，以天下之力争。"（《主术训》）《淮南子》把"众智""众能"作为"无为"政治的一个重要内容，无疑包含着重视集体力量的进步思想①。

与民休息的无为治国思想从根本上来讲就是道家的自然哲学与统治者的政治哲学的统一为用的结果。无为从本质上就是因时应变，顺其自然，从而以静制动，以不变应万变。《淮南子》延承着汉初无为而治的治国方向，主张与民休息，安抚民心。认为理想的国家治理应该是遵从民众的意愿，做到尽量少扰民，以使民众保持善良淳朴的本性。这样做对国家的稳定和统治者的利益无疑都是很有裨益的。同时，《淮南子》认为统治者本人也要："圣人内修其体，而不外饰其末。保其精神，偃其智故，默然无为而无不为也，惔然无治而无不治也。"

（二）集中民智的治理观

《淮南子》认为，执政者要有洞察力，虚心任下而不过多地把自己的意志强加于人，这样就能"乘众人之智，则无不任也；用众人之力，则无

---

① 张德广，程文琴．简论淮南子无为而治理政治观的基本特征［J］．理论建设，2004（05）．

不胜也”。“力胜其任，则举之者不重也；能称其事，则为之者不难也。毋大小修短，各得其宜，则天下一齐，无以相过也。”集中民智，物尽其用，这是社会和谐的基础。而要做到物尽其用，就必须建立一套与“贵正而尚忠”的价值观相适应的用人规范。以正直为贵，以诚信为上。这是执政者应当推崇的一种价值观，也是治国平天下的基石。“所任者得其人，则国家治，上下和，群臣亲，百姓附；所任非其人，则国家危，上下乖，群臣怨，百姓乱。”刘安认为，“天下多眩于名声，而寡察其实”是通病。所以，他提出了一套考察官员政绩的理论，“言事者必究于法，而为行者必治于官。上操其名以责其实，臣守其业以效其功”“言不得过其实，行不得逾其法”“阴考以观其归，并用周听以察其化；不偏一曲，不党一事”。对于所任用的官员来说，既要听其言，更要观其行；不仅要明察，还要暗访；既不能偏听偏信，又不能带有成见，这里的核心就是考察官员是不是正直、诚信。

（三）因循而任下的用人观

《淮南子》把如何任用人才的问题提高到关乎国家生死存亡的高度来认识，主张任用人才一定要审慎、得当。《主术训》说：“人主之一举也，不可不慎也。所任者得其人，则国家治，上下和，群臣亲，百姓附。所任非其人，则国家危，上下乖，群臣怨，百姓乱。”于是，《主术训》提出了“因循而任下，责成而不劳”的思想，其中对于人才的选择、使用、管理、监督等方面，俱有所述，形成了一套系统完整的人才观。

首先，《淮南子》认为统治者得以“无为”，是以发挥众人的智慧、利用众人的力量为基本前提条件的①。《主术训》说：“人知之于物也浅矣”，一个人的才能总是有限的，但是如果君主“以天下之目视，以天下之耳听，以天下之智虑，以天下之力争”（《主术训》），那情况就大不一样了。因此，君主不仅要提高自己的才智和能力，更重要的是要“总海内之智，尽众人之力”。只有以众人之智、众人之力为资，天下才会大治。正所谓

① 陈广忠．淮南子译注［M］．长春：吉林文史出版社，1996.

“积力之所举，则无不胜也，众智之所为，则无不成也”。

其次，“因循而任下”之“因循”还包含了“因材质而用众”之凭借、因乘义。《淮南子》主张君主要因材施用，各得其宜，根据人才的不同特点给予不同任用。《主术训》也客观地承认人的能力有大小，有人担负一份工作尚且过重，也有人担负百份工作犹觉过轻，正所谓“才有修短”。但同时也认识到才能的差异只是体现为各自施展的领域不同。对于雄才大略者，不可以苛求他会雕虫小技，对只有小聪明的人，就不可以委以大事。因而，一个英明的领导者需要做的就是对于各种人才综合而恰当地使用，把他们放到各自合适的位置上去，给予人才提供展示特长的空间，以发挥最大的效能。

再次，因才施用的用人之道，还牵涉评价人才的标准问题。《淮南子》主张君主在评价人才的时候，要把握大的原则，看其主流。看人要看大局，不要记人小过，不能求全责备，不要纠缠于鸡毛蒜皮的小事。因为金无足赤，人无完人，作为人才很难十全十美。“自古及今，五帝三王，未有能全其行者也”（《氾论训》），不能因为某些不足而全盘否定其任用价值。只要他有一点长处，就一定有可利用的价值，就一定要任用其长，这样才能做到国无“弃材”，人才悉数为君主所用。另外，《淮南子》还认为在任用人才上要坚持公正的原则，做到“是非之所在，不可以贵贱尊卑论也”。（《主术训》）

最后，《淮南子》十分强调君主对于人才要加强管理，对于臣下要加强督核。《齐俗训》：“故尧之治天下也，舜为司徒，契为司马，禹为司空，后稷为大田师，奚仲为工。”《淮南子》认为，要达到“君臣上下，官职有差，殊事而调”的理想局面，最起码的要求是“各守其职，不得相干”。上至百官，下至平民，都须“各安其性”（《齐俗训》），而且特别强调“工无二伎，士不兼官。”（《主术训》）所谓“责成而不劳”，并不是什么事情都不做，而是要监督臣下，使已任用的人才各尽其责；君主“不劳”具体之事，不与臣下争职，但管理人才，督察考核官吏，却是他的重要职责。

《淮南子》把如何任用人才提高到关乎国家生死存亡的高度来认识，主张任用人才一定要审慎、得当。《主术训》："人主之一举也，不可不慎也。所任者得其人，则国家治，上下和，群臣亲，百姓附。所任非其人，则国家危，上下乖，群臣怨，百姓乱。"提出了"因循而任下，责成而不劳"的思想，形成了自己的一套系统完整的人才观。

（四）"以法治国"的法治观

《淮南子》认为，治国必须用法。"法者，天下之度量，而人主之准绳。县法者，法不法也；设赏者，赏汉赏也。法定之后，中程者赏，缺绳者诛；尊贵者不轻其罚，而卑贱者不重其罚。"法制是天下的度量标准，是君主治国的准绳，反对国君擅断。"法籍礼义者，所以禁君，使无擅断也。""所立于下者不废于上，所禁于民者不行于身。"根据民众的心愿制定的法律，在上位的人不要随意废掉；禁止人民做的事情，君主也不能去做。"是故人主之立法，先自为检式仪表，故令行于天下。"

秩序是稳定的前提，治国必须讲求秩序。"言事者必究于法，而为行者必治于官。上操其名以责在实，臣守其业以效其功，言不得过其实，行不得逾其法，群臣辐凑，莫敢专君。"《主术训》反复用"辐凑"来强调秩序："群臣辐凑并进，无愚贤不肖，莫不尽其能者，则君得所以制臣，臣得所以事君，治国之道明矣。""百官修同，群臣辐凑"，等等。诚然，一个社会的安定，法律与秩序是必不可少的。法律规范下的秩序才可能是稳定的秩序，而稳定的秩序才能够保证社会的和谐。纲举则目张，古今道理是一样的。

四、和谐语境下的"法"观念

《淮南子》将立法视为基于史观与现实的一种理性设计，认为人性多欲、社会纷乱是立法的直接因由。《淮南子》将其人性论置于历史观中，论证了"法"的必要性，虽然掺杂了许多道家式的想象，但却比法家仅就当世立论显得更令人信服。

（一）循规合民的法治观

《淮南子》肯定了法起源于人间的切要之事，试图笃实法的现实性与合理性，但其并不主张法绝对从属于君主意志，而是将“义”“众适”“人心”作为法得以产生的根据，法因此获得了以“义”为特征的合理性。《齐俗训》说：“义者，宜也。”并对义加以“正名”式的解释：“义者，所以合君臣、父子、兄弟、夫妻、朋友之际也。”“体君臣、正上下、明亲疏、等贵贱，义也。”由此，法作为义的衍生物，便有了合乎自然、人性、社会之需求的内容。从起源上看，法绝不应是君主专有之私，君主之于立法，并非专擅独裁，而是基于民众之适，由此赋予了法相当程度的公共性。“法度者，所以论民俗而节缓急也。”《齐俗训》：“故先王之法藉，非所作也，其所因也；其禁诛，非所为也，其所守也”，认为法并不仅仅是由君主制定、群臣执行的强制性规范，它还应当反映民俗，体现民情，是对民间生活方式与民众意愿的一种认可与肯定。

《淮南子》认为先王之法，并非凭空臆造而是依循客观规律制定，能够对合乎民意民情的社会秩序加以维护。《齐俗训》：“故三皇五帝，法籍殊方，其得民心均也。”相对于上古及中古基于民情的不设法度、设法而不用而言，当今之世的法逐渐演化为基于人主之势的不可或缺的治理方案。但《淮南子》并不像法家那样对人性善恶漠不关心。《泰族训》云：“人之性有仁义之资，非圣人为之法度而教导之，则不可使乡方。故先王之教也，因其所喜以劝善，因其所恶以禁奸，故刑罚不用而威行如流，政令约省而化耀如神。”

（二）国家利益、集体利益至上的观念

《淮南子》认为，施行赏罚之法的目的，是为了国家的利益，而不是为了迎合君主意志。在国家利益与君主意志相冲突时，以国家利益为上，即所谓明主之赏罚，非以为己也，以为国也。“适于己而无功于国者，不施赏焉；逆于己便于国者，不加罚焉。”尽管如此，《缪称训》中所强调的仍然是主持赏罚之法的“明主”之自觉，并未提出切实的制衡君权的方

法。《主术训》弥补了这一缺憾。其文曰："法者，天下之度量，而人主之准绳也……法籍礼仪者，所以禁君，使勿擅断也。人莫得自恣，则道胜，道胜而理达矣……是故人主之立法，先自为检式仪表，故令行于天下。"

值得注意的是，在法的功能这一问题上，《淮南子》强调了对暴戾君权加以制约的正当性。"法"并非是法家式的为人主所独操秘藏的权势利器，它反过来亦须具备防止君主肆意妄为、限制君权无限膨胀的功能。

《淮南子》显然有见于春秋战国兼并激烈、诸侯治国图强的政治格局，其"法者，所以禁君使勿擅断也"的命题①，一方面是对"法生于义"的延伸与拓展，另一方面更是对现实问题进行深刻思考、对先秦各家学说兼容并蓄的结果。表面上，用"法"来制约君权的无限扩张趋势，似取自法家的制度设计；而更进一步，"法"实际上所代表的是"义"，是儒家的诉求；在深层意义上，要求君主"勿擅断"，则又带有了追求"无为"的道家倾向。

（三）"法必待圣而后治"的治理观

尽管《淮南子》认为法生于合乎"众适""人心"的"义"，兼有"度量天下""人主制下"以及"禁君使勿擅断"等多重功能，是维护社会秩序不可或缺的工具。但《淮南子》也指出了法本身的局限性在于"法可禁恶而难劝善"。《泰族训》云："法能杀不孝者，而不能使人为孔曾之行，法能刑窃盗者，而不能使人为伯夷之廉。""法之生也，以辅仁义。"归根究源，法的存在乃是为了辅助仁义的推行。同时，"不知礼义，不可以行法。"礼义又是法得以实施的必备条件。倘若对不知礼义之民一味强调用法，不顾其他，则"法虽残贼天下，弗能禁也"。

针对法的这一局限，《淮南子》提出："法虽在，必待圣而后治……国之所以存者，非以有法也，以有贤人也。""法者，治之具也，而非所以为治也。"作为一种治国工具，单纯的法并不一定达到最好的效果，它必须仰赖具有圣贤品质的人对其加以合理使用。离开了"贤明的执法者"，后

---

① 张小宁．试论《淮南子》的君主观［J］．重庆交通大学学报：社会科学版，2001（02）．

果将是："无道以行之，法虽众，足以乱矣。"相应地，《淮南子》强调以"仁义为本"来弥补法之欠缺，力倡"立廉耻、修礼义"。《本经训》云："夫仁者，所以救争也；义者，所以救失也；礼者，所以救淫也；乐者，所以救忧也。"《淮南子》将仁、义、礼、乐看作社会发展的阶段性产物，是力纠时弊的重要手段，绝不可"重法而弃义"，而须以仁、义、礼、乐对法加以支持、维护，将仁义道德的内容糅合到法的理念之中。

五、君民共处：两种利益的辩证的和谐

《淮南子》一书凸显出了作者强烈的民本意识。其实重民思想历来都为封建统治者所看重，只不过在《淮南子》一书中，民本思想有了另外一种诠释。《老子》："我无事而民自富，我无欲而民自朴。"道家思想历来主张不过分压抑民心，《淮南子》某种程度上继承了先秦道家的这一思想。

《淮南子》首先从分析民众与统治者的关系出发，阐述了民众对维护统治者利益的重要性。"国主之有民也，犹城之有基，木之有根，根深则木固，基美则上宁。"认为统治者和民众之间天生就存在着一种共生共存的关系。处理得好，统治就能稳固；处理不好，就会出现统治危机。而要想实现统治的长治久安就必须赢得民众内心的认同，唯有如此才能实现在统治者与民众之间的和谐共生。《齐俗训》也云："三皇五帝，法籍殊方，其得民心均也。"

（一）统治者自身"内圣"

如何达到内圣的境界？《淮南子》对此提出了自己的想法："省事节欲，贵正诚信"，即所谓"人主诚正，则直士任事，而奸人伏匿也"。在法令的执行上，强调统治者的表率作用等。正是在这样一个慎独的过程中，自我道德得到很大程度的提升。内圣的过程从实质上而言，就是一个自我修养的过程，这种和谐是对统治者自我表里是否如一的考量。但是内圣本身不是目的，而是达到外王的一种手段。也就是说，由内而外最终实现内外合一的和谐才是最根本的目的。由此可见，《淮南子》十

分看重政治家的标榜作用。也许刘安本人认为加强统治者的个人道德修养更能赢得民众对政权本身的认同。因为在民众的潜意识里，统治者的表率作用也许比虚伪的宣传更能说服人心。这不能说没有一点道理。我们不否认古代政治家们内圣的根本出发点是为了维护自身统治的需要，而且检验他们内圣的标准也是有很强的历史局限性。但是不管怎样，政治家们看重自我的提升，这本身就是很值得我们去回味的。说教本身是很空洞的，但是执政者的言行却是民众都可以看得到的。在我们当代的行政治理实践中，官员们缺失的也许正是这种对自我修养的看重，因此，应加强官员的自我修养。

《淮南子》认为，统治者自身要有德有行：有德才能教化百姓，有行才能感服民心。从根本上而言就是通过实现“内圣”在道德境界和实际行动上赢得人民的信服。《淮南子》并非不重视对民众的说教，只不过反对进行儒家那种束缚人性的教化，而是主张率性而教。“民之化不从其所言，而从其所行。”在这点上，《淮南子》很赞同实行老子所说的不言之教，也就是通过授教者自己的诚挚和高尚的品操，从精神上感化受教育者，最终实现两者的良性互动。

（二）以人为本，爱惜民力的民本观

民本论是《淮南子》政治论中最闪光的部分。《诠言训》：“为治之本，务在安民。”所谓“安民”就是安定民心，使民众感觉到安定、安乐。《主术训》提出“食者，民之本”的观点，即欲安民，首先要使民食用充足，满足百姓基本的生活用度。为此，《淮南子》提出了一系列安民的政策主张：

其一是“利民”。《氾论训》说：“治国有常，而利民为本；政教有经，而令行为上。苟利于民，不必法古；苟周于事，不必循旧。”这里明确提出了“利民”是治国的常规政策，而不是简单地以古今定是非。《主术训》说：“先王之所以应时修备，富国利民，实旷来远者，其道备矣。”“尧之有天下也，非贪万民之富，而安人主之位也，以为百姓力征，强凌弱，众暴寡。”认为统治者的一切作为如果能从“利民”出发，就可能达

到“安民”的目的。

其二是“富民”。《人间训》借西门豹治邺的故事，提出了“富民”的主张。《主术训》要求君主“上因天时，下尽地财，中用人力”，做到“群生遂长，五谷蕃植”，还要“教民养育六畜，以时种树（耕种）”。减轻民众的赋税负担，也是富民的重要条件。《主术训》说，“仁君民王”能够做到“取下有节，自养有度”，则民众不会遭受“饥寒之患”；而“贪主暴君”“侵渔其民，以适无穷之欲”，则百姓就会流离失所，苦不堪言。正是“夫水浊则鱼，政苛则民乱”。君主一定要考虑人民的负担能力，根据其财力适当地征收赋税。一定要让老百姓有一个民力得到休息、粮食和财富得到积累的机会。一味增加徭役，人民得不到休养生息，只会为统治者制造敌人，给社会带来不稳定的因素。

其三是“因民”。“因民”就是依据民众的客观实际去治理民众，它包含了君主对于民意的尊重、认可和依从，但前提是君主还牢牢地掌握着“制礼节”的主动权。无为政治并非不讲法制和道德教化，而是用因民性、因民心、因民之欲去立法教人。《淮南子》认为圣人治理天下，并不是强行地去改变民众的品性，而是在熟悉民情、了解人民需求的基础上因循民众已经具备的素质，因势利导，劝善禁奸。这样做，就能使民众听从教化和号令。“赏一人而天下誉之，罚一人而天下畏之。故至赏不费，至刑不滥。”（《汜论训》）相反，违背民众的品性，法令公布出来也会失去其作用。

《淮南子》认为：“欲成霸王之业者，必得胜者也；能得胜者，必强者也；能强者，必用人力者也；能用人者，必得人心者也。”而只有学会尊重民众的利益和要求，不滥用民力，才能惠民惠己。这就要求统治者必须做到轻赋徭役，取民有度。重视农业生产，重民之基。在这里，《淮南子》驳斥了法家“君臣之利导，故人臣莫忠，故臣利立而主利灭”的主张，认为民众的利益从根本上来讲是君主的基石，英明的统治者应当在自身的利益和民众的利益之间寻求一个合理的契合点。因此，《淮南子》一书中作者首先主张的不是君主的利益，而是百姓的大利。同时要想顺应民心，还必须在用人制度上学会因性而任。《泰族训》："各有所适，各有所宜。"万物都有自己不同的品格，只有根据不同人的特点来选用人才，扬长避短，知人善任，才能使"有一形者处一位，有一能者服一事"，从而充分发挥每个人的潜质。

当然，这种民本思想也是有局限的，其目的还是在于更好地得到百姓的奉养。但是，汉初休养生息的治国之策的积极意义是毋庸置疑的。"无为而治"的核心就是师法自然，按照社会发展的固有规律行事，"无为者，非谓凝滞而不动也，以其言莫从己出也"，并非无所作为。相对而言，《淮南子》师法自然、不扰民生的提法，无论是在什么样的社会形态下，都具有积极意义。

（三）在立法上对民众的利益给予充分的保护

《主术训》："法生于义，义升于众适，众适合于人心，此政之要也。"《淮南子》深刻认识到特权对民众利益的潜在威胁，主张通过法律来"禁君""限权"①。这种众适的立法不是为了抗争特权社会，而是为了在民众利益和君主利益之间找到一个适当的点，从而尽可能地缓解两利之争。《淮南子》的立法构想无疑在一定程度上协调了民众利益和君主利益，具有一定的进步性。徐复观就认为法乃起于众人共同的利益，这是过去的法学思想所未曾说出的最根本问题，富有现代法治的意义。同时，《淮南子》也认为法律有其自身的局限性，反对法家那种法律万能的思想学说。认为只有以"道"统法，法律才能发挥其应有的作用。《泰族训》："法能杀不孝者，而不能使人为孔、曾之行；法能刑窃盗者，而不能使人为伯夷之廉。"《主术训》："刑罚不足以移风，杀戮不足以禁奸，唯神化为贵。"由此可见，法的作用是有限的，法律从本质上而言只是一个工具、手段。要想实现社会的最终治理，必须教法并行，以教为先。

---

① 戴黍．试析《淮南子》中所见"法"［J］．江淮论坛，2006（02）．

六、和谐语境下《淮南子》行政伦理思想的创新视角

（一）内圣外王与顺天重民

从实质上而言，无论是内圣外王还是顺天重民，相比前人，《淮南子》并没有实现最终的超脱。但是《淮南子》本身对社会问题的关注和分析，却总让我们感觉视角很新。其实仔细想想我们就会发现，《淮南子》所透露出来的思想已经不是那么的纯正，而是体现出了很强的包容性。比如说《淮南子》注重法律在统治者的利益和民众利益之间的调和作用，就有先秦法家以法治国的影子在里面。在强调统治者应该为政以德、爱民重本上，又很明显地融合了儒家的仁者爱人、重民的思想①。这种包容性本身来讲就是一种思想上融通内化的过程。

《淮南子》的思想没有法家的刚硬，但也没有儒家的繁冗，而是有着自身内在的生命张力，而和谐的辩证正是这种生命张力最有利的支撑。和谐的语境可以说贯穿《淮南子》思想的始终，但这并不是说在《淮南子》的思想中就没有矛盾的因子。比如《淮南子》在对法律创制的论证中，一方面看重法律在统治者和民众之间利益冲突的作用，但是另一方面又认为法律不能解决根本问题，认为其只是一种辅助德教的手段。其实矛盾的辩证才是和谐最有力的生命，而《淮南子》思想中的辩证哲学，无疑是这本著作最大的亮点。比如《淮南子》在人与自然关系方面的阐述，无论是分析问题的视角还是针对现实问题具体的论证，都具有很强的超前性。也许正因为《淮南子》思想中颇具包容性的辩证哲学，才使得《淮南子》的思想具有很强的生命力。尤其是在讲究和谐社会建设的今天，恰当地吸收《淮南子》思想中关于辩证法的具体运用，对于健全我们的国家治理体系，无疑有着很强的现实意义。

---

①　李营．从《淮南子》的“君本”“民本”思想看构建现代企业和谐关系［J］．东方企业文化，2007（11）．

（二）《淮南子》中的法治思想对构建和谐社会，实现中华民族伟大复兴的启示

“和谐”语境下的法治所包含的应有之义，应包括如下几个方面：

首先是内在法律价值相互之间的和谐，即在社会价值趋于多元化大环境下，如何以一种和谐的状态共同致力于社会建设。其次，公法与私法之间的和谐。公法的核心在于“管理”，是一种限制。私法的核心是“自治”，这与我们长期以来强调人民利益，保障人民权利的政治观是分不开的。《淮南子》的法治思想体现了对私权利即民权的尊重，这与我们国家近年来，在法制建设中强调民主法治，在经济生活中强调市场化，在行政权力运行中强调转变政府职能，建设服务型政府，有着相同的精神内核。

在与《淮南子》的思想进行比较之后，我们似乎可以看到社会稳定的一种共性，那就是追求社会价值的一种共同化趋向。当下的中国，法治已然成为一种社会所公认的价值体系，而法治也是社会稳定的必然保证之一，是和谐社会理念的重要内容和应有之义。

在《淮南子》的政治思想中，和谐和稳定是最为重要的价值核心，尽管我们现在的社会情况与战国时期的社会状况有着很大的不同，但《淮南子》行政伦理观的内核，仍然能对我们今天的和谐社会建设起到解释和指导作用。在社会历史进程的演变中，是存在着一种可循的基本规律和基本脉络的。研究《淮南子》的行政伦理思想，就是探寻这种发展规律和脉络的源头之一，以期能够对当前法治实践提供一定的借鉴。

第八章

《淮南子》民本主义思想探源及启示

内容摘要：民本主义思想在我国源远流长，《淮南子》在总结前人学说和吸取历史上王朝治乱的经验教训的基础上，把民本主义思想推向了我国古代的最高峰。其对民本的推崇是以“治”为最终目的。“以民为本”和“无为而治”最终都是为了达到“无不为”的“治”，为社会治理服务。本章立足于现实之需要，对《淮南子》的民本主义思想进行归纳和总结，在此基础上深入挖掘《淮南子》民本主义思想的现时意义。

关键词：《淮南子》；民本主义；探源；现时意义

民本主义思想在我国源远流长，最早的论述散见于《尚书》《诗经》等书，尤其以《尚书·五子之歌》中的"民为邦本，本固邦宁"的说法，为后人所重视。在先秦诸子百家中，儒家和道家都很重视民本的问题。《淮南子》在总结前人学说和吸取历史上王朝治乱的经验教训的基础上，把民本主义思想推向了我国古代的高峰。但是，囿于时代和作者著书目的的限制，《淮南子》对民本的推崇是以"治"为最终目的。"以民为本"和"无为而治"最终都是为了达到"无不为"的"治"，为社会治理服务。

一、无为而治和以民为本的交相呼应

《淮南子》继承了黄老学说，推崇并发展了道家的有关理论，把通过"无为"而最终达到"无不为"的状态发展为通过积极地利用"道"而达到"治"的状态。因此，《淮南子》中的无为而治和以民为本相互区别而又相互呼应。

（一）无为而治的对象——民

《史记·淮南王传》中对刘安的描述是："淮南王刘安为人好读书鼓琴，不喜弋猎狗马驰骋，亦欲以行阴德拊循百姓，流誉天下。"从记载看，刘安对于"民"的重视是身体力行的。鉴于前人的学说和三代治乱特别是秦亡汉兴的历史事实，特定的历史背景使得《淮南子》对民本的重视更甚于前人。《淮南子·主术训》明确讲到："民者，国之本也。"这是吸取了《孟子·尽心下》的"民为贵，社稷次之，君为轻"的思想，特别是《吕氏春秋·务本》中"主之本在于宗庙，宗庙之本在于民"的思想的结果。

与前人相比，《淮南子》对"民"的认识有自己的特点：

首先，世俗化的民众观。《淮南子·主术训》说："民者，国之本也；国者，君之本也。"与《孟子·尽心下》中的"民为贵，社稷次之，君为轻"的思想有明显的不同。这里，没有社稷之类的依托于抽象的"天""神"的影子，以直白的方式，宣布了一种比较理性化的、世俗化的民众观。

其次，完备的民本理论体系。在《淮南子》一书中，对于民本的探讨，有严密的逻辑体系。该书分别从要实现“安民”思想就必须做到“利民”“富民”“因民”的角度，详细论述了《淮南子·诠言训》中所说的“为治之本，务在于安民”的道理。

再次，有限的平等观。儒家代表作之一的《孟子·尽心下》说“民为贵，社稷次之，君为轻”，在这里，儒家的民本思想是一种以差序格局为特色的民本思想，阶级差别是明显而且是强调的。而《淮南子》则在道家的“齐物”理论基础上在一定意义上讲究人人平等，对比儒家的思想有明显的进步。如《淮南子·氾论训》中说：“包禀道，合至和。”这里，对象没有差别，一致要求要按照对象的客观规律来处理，并没有什么等级差别之分，反映了一定意义上的平等观。

（二）以民为本的目的——治

《淮南子》一书的最终目的，是巩固封建皇权，完善社会治理，实现这个目的，就是要达到天下大“治”。具体的，是通过治民和规制臣下的不同措施来做到。虽然，治民和规制臣下之策在《淮南子·主术训》中是“俨然玄默，赏惩有别”，但规制臣下的目的，最终还是为了实现治民。

《淮南子》通过“安民”“利民”“富民”“因民”等种种手段，其目的都是为了实现“治”民！

（三）二者辩证关系

《淮南子》一书的思想突显出了强烈的民本意识。重民思想历来都为封建统治者所看重，《淮南子》对民本思想有了另外一种诠释。《老子》说：“我无事而民自富，我无欲而民自朴。”道家思想历来主张不过分压抑民心，《淮南子》某种程度上继承了先秦道家的这一思想。与民休息的无为治国思想从根本上来讲就是道家的自然哲学与统治者的政治哲学统一为用的结果。张广德认为：“无为本质上可以理解为是无违的法治理性主义特征。”① “无

① 张德广，程文琴．简论淮南子无为而治理政治观的基本特征［J］．理论建设，2004：05.

为者，非谓凝滞而不动也，以其言莫从己出也。”① 无为从本质上就是因时应变，顺其自然，从而实现以静制动，以不变应万变。徐复观认为在无为概念的理解上，《淮南子》在某种程度上做了命题的转换：即以法治为无为，以其言莫从己出而系从法出为无为。一般而言，我们可以把无为的治国理论分解成两个方面：一方面是人与自然的关系，在这层关系里的无为就是指自然现象的客观法则；另一方面就是指国家治理，具体论述统治者与民众的关系，这也是无为学说最主要的方面。《淮南子》也还是延承着汉初无为而治的治国方向，主张与民休息，安抚民心。认为理想的国家治理应该是遵从民众的意愿，做到尽量少扰民，以使得民众保持善良淳朴的本性。这样做对国家的稳定和统治者的利益无疑都是很有裨益的。同时，《淮南子》认为统治者本人也要“圣人内修其体，而不外饰其末。保其精神，偃其智故，默然无为而无不为也，馅然无治而无不治也”。

二、民之定位——国之本

《淮南子》对民众的地位认识达到了一个极高的程度，《淮南子·泰族训》中说：“国主之有民也，犹城之有基，木之有根。根深则本固，基美则上宁。”认识极为深刻。《淮南子·主术训》则说：“民者，国之本也。”从国本的高度，诠释了“民”的地位。

（一）民之本——食

古人说，民以食为天，按照现在的说法就是生存权和发展权是基本人权。《淮南子·主术训》响亮地提出了“食者，民之本”的观点。“安民之本，在于足用。”因此，要安民，首先就要使民食用充足，就是满足民众基本的生活用度。延伸了说，就是要通过“因民”而“利民”“富民”，才能实现“安民”。

作为为统治阶级长久统治服务的一本书，《淮南子》一方面从哲学的

---

① 陈广忠．淮南子译注［M］．长春：吉林文史出版社，1990.

高度论证了统治阶级应该按照客观规律处理好人与自然的关系，处理好统治阶级与被统治阶级的关系；另一方面，要求统治者在实施统治的过程中，必须要遵从民众的生存需要。在这点上，就马斯洛的需要层次论而言，也有共通的地方。生存的问题解决了，在现代社会而言，就意味着会有更高层次的需求要得到满足方可。而在《淮南子》看来，基本需求的满足，带来的是统治阶级的长治久安！

具体的，《淮南子》从四个方面对此进行了论述。分别是：

首先，“安民”思想。《淮南子·诠言训》中说：“为治之本，务在于安民。”“安民”要求统治者“勿夺时”“省事”“节欲”“反性”“去载”。最终的结果是“去载则虚，虚则平。平者，道之素也；虚者，道之舍也”。体现了作者以“无为而治”为最终目的的“治”。

其次，“利民”思想。《淮南子·氾论训》中说：“治国有常，而利民为本；政教有经，而令行为上。苟利于民，不必法古；苟周于事，不必循旧。”《淮南子·主术训》中还说：“先王之所以应时修备，富国利民，实旷来远者，其道备矣。”“尧之有天下也，非贪万民之富，而安人主之位也，以为百姓力征，强凌弱，众暴寡。”认为通过“利民”，可以“安人主”，保障统治者的地位、利益。

再次，“富民”思想。《淮南子》认为，富民才能富国，统治者须富民才能利于皇权的稳固。《淮南子·人间训》中通过西门豹治邺的故事，提出了“富民”的政策，提倡藏富于民，民众富裕，社会安定，秩序良好。

最后，“因民”思想。“因民”是指治理民众要按照客观实际去实行。《淮南子》认为圣人治理天下，并不是强行地去改变民众的品性，而是在熟悉民情、了解民众需求的基础上因循民众已经具备的素质，因势利导，劝善禁奸。《淮南子·氾论训》中说：“赏一人而天下誉之，罚一人而天下畏之。故至赏不费，至刑不滥。”因为“因民”最终才能实现“安民”。

（二）国之本——民

《淮南子》从分析民众与统治者的关系出发，阐述了民众对维护统治者利益的重要性。“国主之有民也，犹城之有基，木之有根，根深则木固，基美则上宁。”认为统治者和民众之间天生就存在着一种共生共存的关系。处理得好，统治就能稳固；处理不好，就会出现统治危机。而要想实现长治久安就必须赢得民众内心的认同，唯有如此才能实现统治者与民众之间的和谐共生。《淮南子·齐俗训》也说：“三皇五帝，法籍殊方，其得民心均也。”《淮南子》对实现这种认同提出了自己的见解。

首先，作为统治者自身要有德有行，有德才能教化百姓，有行才能感服民心。从根本上而言就是通过实现“内圣”，在道德境界和实际行动上赢得民众的信服。《淮南子》并非不重视对民众的说教，只不过反对进行儒家那种束缚人性的教化，而是主张率性而教。“民之化不从其所言，而从其所行。”在这点上，《淮南子》很赞同实行老子所说的不言之教，也就是通过授教者自己的诚挚和高尚的品操，从精神上感化受教育者，最终实现两者的良性互动。

其次，不滥用民力，懂得爱民惜民，也就是实行德政。《淮南子》认为：欲成霸王之业者，必得胜者也；能得胜者，必强者也；能强者，必用人力者也；能用人者，必得人心者也。而只有学会尊重民众的利益和要求，不滥用民力，才能惠民惠己。这就要求统治者必须做到轻赋徭役，取民有度。重视农业生产，重民之基。在这里，《淮南子》驳斥了法家“君臣之利导，故人臣莫忠，故臣利立而主利灭”的思想主张，认为民众的利益和统治者的利益从根本上而言是不矛盾的，民众的利益从根本上来讲是君主的基石，英明的统治者应当在自身的利益和民众的利益之间寻求到一个合理的平衡点。因此，《淮南子》首先主张的不是君主的利益，而是百姓的大利①。同时要想顺应民心，还必须在用人制度上学会因性而任。《淮南子·泰族训》：“各有所适，物各有宜。”万物都有自己不同的品格，只有根据不同人的特点来选用人才，扬长避短，知人善任，才能使“有一形者处一位，有一能者服一事”，从而充分发挥每个人的潜质。

再次，在立法上对民众的利益给予充分的保护。《淮南子·主术训》：

---

① ［英］安乐哲·滕复·主术．中国古代政治艺术之研究［M］．北京：北京大学出版社，1995.

“法生于义，义生于众适，众适合于人心，此政之要也。”《淮南子》深刻认识到特权对民众利益的潜在威胁，主张通过法律来“禁君”“限权”。这种众适的立法不是为了抗争特权社会，而是为了在民众利益和君主利益之间找到一个适当的点，从而尽可能地缓解两利之争。《淮南子》的立法构想无疑在一定程度上协调了民众利益和君主利益，具有一定的进步性。徐复观就认为法乃起于众人共同的利益，这是过去的法学思想所未曾说出的最根本问题，富有现代法治的意义①。同时，《淮南子》也认为法律有其自身的局限性，反对法家那种法律万能的思想学说。认为只有以“道”统法，法律才能发挥其应有的作用。《泰族训》：“法能杀不孝者，而不能使人为孔、曾之行；法能刑窃盗者，而不能使人为伯益之廉。”《主术训》：“刑罚不足以移风，杀戮不足以禁奸，唯神化为贵。”由此可见，《淮南子》认为法的作用是有限的，法律从根本上而言只是一个工具、手段。要想实现社会的最终治理，必须教法并行，以教为先。

综上所述，《淮南子》通过分析民众与统治者的关系，通过多角度的论证，鲜明地提出了“民者，国之本也”的思想，与当前我国社会提出的“以人为本”思想很大程度上不谋而合，也为当前和谐社会的建设提供了一定意义的参考，具有借鉴意义。

三、以民为本思想的具体展开

（一）顺民之性——顺民

1. 顺民俗

《原道训》认为“万物固以自然”。“九疑之南，陆事寡而水事众，于是民人被发文身，以像鳞虫；短绻不绔，以便涉游；短袂攘卷，以便刺舟；因之也。雁门之北，北狄不谷食，贱长贵壮，俗尚气力；人不驰弓，马不解勒；便之也。故禹之裸国，解衣而入，衣带而出；因之也。”作者

---

① 张德广，程文琴．简论淮南子无为而治理政治观的基本特征［J］．理论建设，2004：05.

认为：万事万物都是按照自然规律行事的，民俗总有其存在的原因。九嶷山以南的民众，从事陆地的活少而从事水中的活多，所以这里的民众剪发纹身，模仿鱼龙形象；同样只围短裙不着长裤，以便于涉水游渡，着短袖衫或卷起袖子，以方便撑船，这是因水上生活的特点所决定的。雁门以北的狄人不以谷类为主食，轻视老年人而看重青壮年，崇尚力量，不放下弓箭和不解下带嚼子的马笼头，这是由游牧生活的特点所决定的。所以，禹到裸国去，脱掉衣服入境，出境后再穿上衣服，这是由当地的习俗所决定的。"圣人之治天下，非易民性也。"尊重民俗而不是无谓地改造它，否则不仅耗时耗力而且常出乱子。在尊重民俗的基础上，用"百川异源，而皆归于海；百家殊业，而皆务于治"的宽广胸襟和包容态度借势而为，达到"用众人之力，则无不胜也"。

当然，作者提倡尊重民俗只是手段，最终目的还是为了维护封建君主统治的长治久安。然而，这一尊重社会发展规律的理性做法，避免了扰民，使百姓的生活安宁权得到尊重，老百姓得到了真正的实惠和安适。受当时封建王权社会的时代局限，民主的思想还没有萌芽，百姓对民主观念并没有基本的认识，更谈不上用制度建设来保障民主的实现。作者主动提出尊重民俗，顺应了百姓内心深处的主体意识需求，这样的提法和做法必将得到老百姓的拥护。

2. 顺民智

《主术训》："人主者，以天下之目视，以天下之耳听，以天下之智虑，以天下之力争。"也就是说，国君依靠天下大众的眼力看待万物，用天下大众的耳朵倾听一切，用天下人民的智慧考虑问题，用天下人民的力量来争取时间。可以看到，为了国君的有效统治，作者是充分重视人民群众的智慧的。"其计可用，不羞其位；其言可行，不责其辩。"也就是说，只要计谋可用，就不能因为说话者的地位低下而不采纳；只要说的话可行，就不能因为语言的不动听而拒绝。大力发扬人民群众的聪明才智："夫乘众人之智，则无不任也。"

十九大报告指出，实现中华民族的伟大复兴，必须合乎时代潮流、顺应人民意愿，勇于改革开放，让党和人民的事业始终充满奋勇前进的强大动力。作者提倡从人民大众之中汲取智慧和力量。这对我们当今的社会治理有一定的现实意义。党的十九大报告强调，扩大人民有序政治参与，保证人民依法实行民主选举、民主协商、民主决策、民主管理、民主监督，保障人民知情权、参与权、表达权和监督权。这同作者“依靠众人的智慧，就没有不能胜任”的观点有相当的一致性。我们进行的社会主义建设事业要做到无往而不胜，就必须尊重民智，重视民愿。用事情本身的是非曲直来以理服人，从而让我们的事业得到广大人民群众的真心拥护。

（二）珍爱民众——爱民

《淮南子·氾论训》曰：“古者有鍪而绻领，以王天下者矣。其德生而不辱，予而不夺，天下不非其服，同怀其德。”作者认为古时候有头戴鍪似包头，翻裹领部，可以统治天下的“人主”，人主实行德政，使人们繁衍而不杀害；给予百姓财务而不夺取。天下人不议论他的服饰，而是共同怀念他们的德泽。在作者看来，珍爱民众是美好的德行，爱人者人恒爱之。同时《淮南子·兵略训》中说：“主之所求于民者二：求民为之劳也，欲民为之死也。民之所望于主者三：饥者能食之，劳者能息之，有功者能德之。”

作者坦诚地指出，民与主之间包含一定的价值关系。主有求于民，民也寄望自己的“主”能够满足其基本的需求。由此可见，作者似乎认为爱民是人主有求于民的条件，是人主和民众的“等价交换”，而不是对民的恩赐。作者这一思想，同过去把民众看作人君的私有财产的观点相比，有显著的进步性。作者爱民的观念已经超越了纯粹的道德范畴，这里的“爱民”有“对等”和“权利义务的一致性”等近代平等思想的影子。

（三）兴利除弊——利民

《淮南子·兵略训》中说：“夫为地战者，不能成其王；为身战者，不能立其功。举事以为人者，众助之；举事以自为者，众去之。众之所助，虽弱必强；众之所去，虽大必亡。”意思是说，为了争夺土地而战的人，不能成为王；为了自身而战的，不能立下功劳。行事而为了他人的，众人帮助你；行事为了自身的，众人离开你。众人帮助的，即使柔弱的也可以坚强；众人所离开的，即使很大的也注定要灭亡。由此观之，“举事以为人”这一“利民”的主张得到了作者大力的推崇。利民主张限制了“人主”无限膨胀的私欲。《道德经》曰：“天之道损有余以补不足，人之道损不足以奉有余。”由于人主的贪欲和占有欲，“人道”的不合理成为自然，去人道的不足，存天道的合理性成分成为社会公正的当然选择。作者在《修务训》中说：“不忧命之短，而忧百姓之穷。”《淮南子·说林训》：“以一世之度制治天下，譬犹客之乘舟，中流遗其剑，遽契其舟桅，暮薄而求之，其不知物类亦甚矣！”作者把凭借一个朝代的制度来治理天下，而不因时应变来为民求利看成是刻舟求剑。《淮南子·汜论训》指出，“先王之制，不宜则废之”，“治国有常，而利民为本。政教有经，而令行为上。苟利于民，不必法古。苟周于事，不必循旧。”作者认为人主的一切变革必须以“利民”为目的，明显不同于法家君主利益至上的观点，该提法明显具有历史进步性。

综合观之，作者“利民”的主张包含三个方面：一是“利民”是人主成功的必要条件和途径；二是“利民”是人主道德情操的内在要求；三是“利民”没有禁区，一切不利于人民的政令制度都可以废止或修改。可见，作者为了实现“利民”的愿望下了较大的决心，并具有敢于突破一切陈规陋习的勇气。

（四）足用于民——富民

《淮南子·人间训》有一个足用于民的生动故事：西门豹治理邺县时，粮仓里没有积蓄的粮食，钱库里没有储备的钱币，兵库里没有兵械存放，官府里没有总计收入的账簿。这样就有人多次在文侯面前议论西门豹的这些过失。于是魏文侯就亲临邺县检查工作，看到的现象果然和人们议论的相一致。魏文侯于是召见西门豹说：“翟璜推荐你来治理邺县，你却将这里治理得如此混乱。你能说清这些事的缘由也就算了，否则就要严加追究。”西门豹解释说：“我听说实行王道的君王使人民富足；实施霸道的君王使士富足；只有亡国之君才使各种府库充足。如今你魏文侯是要实施王霸之道，所以为臣就将粮食、兵器、钱财都积贮在民间。你如果不信的话，让我登上城楼击鼓，这时铠甲、兵器和粮食就会马上齐备。”于是西门豹登上城楼开始击鼓，第一阵鼓声结束，只见百姓纷纷披挂铠甲，带着弓箭，手持兵器从家里出来；第二阵鼓声结束，只见又有许多百姓背着或用车装着粮食纷纷来到。经魏文侯准许，西门豹率兵攻打燕国，收复了失地后返回邺城。

西门豹通过削减政府的收入，足用于民，做到兵强马壮、社会和谐。给我们的有益启示就是，把财富留在民众之中，而不与民争利，不仅能够取得人民群众的衷心拥护，更能做到事实上的民富国强。

四、民本主义思想的现时意义

（一）关注民众正当需求

读史使人明智，民众的正当需求其实是一个历史范畴。在奴隶社会，因战争失败被俘的民众都被罚做奴隶。那时候，他们的正当需求只是保有生命。那时候奴隶自身也基本认可奴隶主的统治，并甘愿为奴隶主效力。在封建社会，劳苦大众的正当需求是人身自由和保持基本温饱。那时候的民众认可地主收取地租的权利，并基本愿意为地主劳动。在资本主义社会，民众的正当需求是民权、平等、自由，满足自身和家庭的生活需要以及成长进步的需要。民众认可资本家因资本带来的收益，并愿意为资本家劳动。在社会主义社会，民众的正当需求是人民当家做主，法律面前人人平等，享有更为广泛的权利和自由。由此可见，民众的正当需求其实是一个不断增长的过程。

历来社会危机的出现多因民众的正当需求得不到满足。即所谓的“患不均”。目前社会改革进入深水区，矛盾多发，群体性事件偶有发生。原因复杂，其中最主要的原因，一是人民群众日益增长的美好生活需要和不平衡不充分的发展之间的矛盾。如果把美好生活需求比作蛋糕，即所谓的蛋糕不够大的矛盾。二是分配机制不完善，不够公平，即所谓蛋糕没切匀。

在蛋糕没切匀的问题上，不能草率地归结为“改革的偶然失误”，因为改革偶然失误的话，不可能这次失误对这一部分人有利，下次失误还是对这部分人有利（姑且称这部分人为“常利群体”）。失误总是对特定的一部分人有利而对另一部分人有害的话，这就不是偶然的失误。因为偶然失误导致有利和不利的群体应该是随机的，而不是特定的。之所以总对一部分人有利，那是因为“常利群体”导致了政策先天不足，或者至少在执行的过程中，不但没有做到“治国有常，利民为本”，而且被一部分“常利群体”用能量和威势阉割或篡改了“政策”。

由此可见，当务之急就是确实做到以民为本，提高公权力的廉洁性和透明度，正视和关注民众不断增长的美好生活需要，用可靠的途径保障和切实实现法律确认的民众权利。

（二）走可持续发展之路

以民为本，就是以民众的利益为依归，立足眼前，着眼长远。走可持续发展之路，就是经济社会发展既满足当代人的需要，又不对后代人满足需要的状况构成威胁。走可持续发展之路同“治国有常，而利民为本”的思想是一致的。如果把直接从事生产物质文化的人和从事分配的人比作做蛋糕和分蛋糕的话，当前的社会现实是做蛋糕的更容易成为弱势群体，而分蛋糕的大多归属强势阶层。如果社会风气形成这样的情形：要想从弱势群体的成员转为成功阶层的分子，几乎封死了其他途径，人际关系成了最佳的终南捷径。问题是：对每个人来说，要想成功，搞好人际关系都是最快、最经济的理想选择。这对个人本身无可厚非。然而，对于整个社会来说，就是封堵了正常进步的途径，人人都热衷于人际关系必将造成社会资源的巨大浪费，可持续发展将难以为继。可见，可持续发展的关键是要用一套行之有效的制度措施，来保障系统能够自动纠错、能动调整、良好流转，最终达到总是使系统处于最佳状态。让做蛋糕的不再是弱势群体，让分蛋糕的付出诚实而踏实的劳动，从而，人口、资源、环境与社会经济相互协调，达到可持续发展状态。

另外，要做到可持续发展必须有良好的外部环境，首先要争取一个和平、稳定的国际环境和周边环境。其次，要加强区域、周边和国际合作，进行优势互补。再次，注重科技创新和技术合作，使可持续发展具有内在动力。

（三）弱势群体利益保护

社会弱势群体是一个相对边缘的概念。有学者将其定义为：弱势群体“是一个在社会性资源的分配上与社会平均水平相比具有经济利益的贫困性、生活质量的低层次性和承受力的脆弱性的特殊社会群体”①。要保护弱势群体首先要了解弱势群体产生的原因。《淮南子·俶真训》：“身蹈于浊世之中，而责道之不行也，是犹两绊骐骥，而求其致千里也。置猿槛中，则与豚同，非不巧捷也，无所肆其能也。”意思是说，身体陷于混浊社会之中，却责难“道”不能通行，这就像绊住千里马的双脚，而要求它日行千里一样。把猿猴关在笼子里，那么它和猪也就没有区别。不是已经失去了灵巧轻捷的特性，而是无法施展自己的才能罢了。弱势群体之所以出现，如果是因为社会不公、维权渠道不畅的原因造成的，那首先从心理上就不能对弱势群体加以苛责，而是应该更多地调整社会治理机制。譬如，有人说因要价过高而被强拆的农民是刁民，要控制经济增长成本，打击刁民一夜暴富的心理。但问题是，控制经济成本说明开发商在赚钱。为什么本来就属于农民的土地，开发商可以振振有词地拿去赚钱，而农民就不可以自己赚钱？有人说强拆而自焚的农民是心理脆弱，不值得同情。问题是农民除了接受不公平的补偿外，合法渠道的维权路径要畅通，也即是在个案中实现公平正义。

既然弱势群体的存在更多是因为社会原因造成的，关注弱势群体是民本主义思想的应有之义，那么应该如何保护弱势群体的利益呢？第一，要

---

① 刘鸿斌，邓春．弱势群体利益保护与群体性事件克减关联研究［J］．湖北经济学院学报（人文社会科学版），2010：06.

确立法律面前人人平等的观念。弱势群体是人民的一员，弱势群体的境况不仅事关社会的良心，更是社会自身文明程度的重要表现。《淮南子·主术训》："法定之后，中程者赏，缺绳者诛。尊贵者不轻其罚，而卑贱者不重其刑，犯法者虽贤必诛，中度者虽不肖必无罪，是故公道通而私道塞矣。"不管社会地位多么"尊贵"，只要侵犯了弱势群体的利益，法律就应当成为高压线。第二，解决法律的高压线不带电的问题。法律得不到有效执行，也就是法律高压线不带电的原因：一是强势阶层控制了法律高压线之电源。二是因为触到高压线的人员太多，法不责众。可见，对于第一个方面，要使法律成为高压线就要摒弃人治，党的十九大报告指出，全面依法治国是国家治理的一场革命，必须坚持厉行法治，推进科学立法、严格执法、公正司法、全民守法。名级党组织和全体党员要带头尊法学法守法用法，绝不允许以言代法、以权压法、逐利违法、徇私枉法。对于第二个方面，要破除法不责众的尴尬，使法律能够真正实行，就必须细化法律规定，因地制宜，并把细化的内容报国家机关备案。如收受5000元就可构成受贿罪，经济发展略好的地方则立案起点较低，造成可以构成犯罪的人员太多，实际受到处罚得太少。民众觉得公权力在选择性执法，办的时候想到"法办"。法律不能较好地处罚强势阶层，弱势群体的利益自然就得不到有效保护。所以，构筑有利于法律实施的社会环境，体制环境和人文环境就显得尤为重要。第三，加快解决体制性问题。解决教育制度、劳动制度、户籍制度、社会保障制度等存在的不公平问题，扫除保护弱势群体的制度性障碍。第四，为弱势群体上升营造顺畅的渠道。人的生活要有希望，如果一个社会一旦形成就阶层固化，弱势群体无法通过读书、受教育等个人奋斗而上升，那么社会就没有生机。所以，要为弱势群体的读书、就业、权利维护等创造公平的环境，做到人尽其才，才尽其用。

第九章

《淮南子》与《管子》法思想比较研究

内容提要：《淮南子》与《管子》作为中华文化思想遗产之瑰宝，虽然所处的时代不同，但是大道同理。在宏观方面，以探讨社会治理之道为着眼点，存在着诸多共同之处；在微观方面，两者在具体法治认识、立法与执法等方面又有较大的差异。本章在对《管子》和《淮南子》法思想进行梳理的基础上，辨明二者的共通之处，以分析《管子》具有的独特的法思想为侧重点，并对其原因进行尝试性分析。

关键词：《管子》；《淮南子》；法思想；比较研究；治理

中华民族是世界上伟大的民族之一，中华文化更是源远流长，先贤们几千年的文化积累和发展性成果传承给后世之人，留下了丰富而又蕴含理性思考因子的宝贵历史遗产，成为后人不可多得而又极具借鉴意义的宝藏。对先贤们这些智慧的结晶，对其视而不见或全盘吸纳均不妥，理性之举是对其中之优秀成果进行比较、鉴别、取精纳华，为今日的社会实践服务，成就中华发展蓝图。

在传统文化诸多优秀成果中，《管子》与《淮南子》作为中华文化思想遗产比较具有代表性的瑰宝，虽然成书时间、所处时代、逻辑起点、阐述侧重点均有所不同，但是大道同理，在宏观和微观方面都具有可比较的意义。在宏观方面存在着诸多共同之处，比如，二者都以当时社会的实际情势为出发点，以探讨社会治理和社会管理之道为着眼点，以建设一个国力富强、民众富足、社会稳定有序、长治久安的国家为目标。但是，由于指导思想、路径选择、方式采取等方面的不同，在微观方面，两者对法治的具体认识、立法思想与执法原则等又有较大的差异。本章将分析的视角置于二者丰富的法思想方面，在对《管子》和《淮南子》法思想进行梳理的基础上，辩明二者的共通之处，并对其原因进行尝试性分析。

一、《淮南子》与《管子》背景比较

（一）著述比较

1.《管子》一书主要内容是对社会实践经验得失的总结

《管子》一书是战国纷争时期社会大势之下，稷下先生托名管仲之法的名义对当时齐国执政思想和社会管理经验的总结，包含了大部分战国时期的内容。其中富含法思想和治理经验的篇目一般被认为是聚集在稷下主张“法治”的齐法家作品。当时的一个史事是，管仲执政齐国期间，通过修礼明法，加强社会治理，使齐国富国强兵，因而得以大治，齐桓公因此称霸诸侯，这也是《管子》一书托管仲之名的原因所在。

2.《淮南子》一书主要内容是对社会理想的期望和设想

《淮南子》一书是汉初淮南王刘安为了适应多元一体的统一民族国家需要而集合门下宾客编撰的，是向最高统治者皇帝举荐的治国理政之策，儒、道融合，兼收墨、法、阴阳各家观点，是一部兼收并蓄、博大精深而又富有内在逻辑思想体系的著作，是汉初杂家的代表作。由于种种原因，《淮南子》中所提倡的治国之策、理政之要并没有得以实际推行。

（二）时代比较

1.《管子》时代主流：道法结合，礼法并举

《管子》的法治思想，既是齐国政治、经济、文化发展的产物，也是在百家争鸣中，综合各家为我所用、思想创新的产物。道法结合、礼法结合是贯穿《管子》的两条主线，凸显齐法家的面目。齐法家重视以亲情为纽带的宗法制度，不废礼治，又遵天道，适当给予民众以生息，从而实现了对一味酷刑的法治思想的某种改良，意图达到一种包容性的治理，从而在纷繁复杂的情势中实现富国强兵。

2.《淮南子》时代主流：阐述无为，长治久安

与《管子》相较，《淮南子》的法思想是为了适应自秦以来国家实现大一统和长治久安的需要，对先秦诸子百家尤其是道、儒、法三家的思想学说进行批判性的综合，对道家的“无为思想”进行改造并注入新的内容，阐述了一系列治国主张，期望能够达到长治久安、万世一系的最终目的。

（三）法思想比较

1.《管子》的主流思想：制法成令，规范社会

老子等道家代表人物的思想对于《管子》和《淮南子》法思想影响巨大，其中作为法思想的哲学依据和逻辑起点的就是“因道设法”“以道统法”。在《管子》中，从本质上而论，“道”被认为是一种富含规律性的最高规范，君主根据这种规范来引导人民，把道德实质和精神传而下形成法令，促成事业①。

① 李增．管子法思想［J］．管子学刊，2001（01）．

用法令来规制民众的行为，从而维持社会秩序。由于当时历史情势的复杂性，《管子》受多方面的影响，形成了《管子》法思想的错综复杂性。

2.《淮南子》的主流思想：以道统法，礼法结合

在《淮南子》中，“道”被认为是统摄“天地之理”“人间之事”“帝王之道”的，“道”是不变的、永恒的，“事”是具体的、应时而变的[①]。不变和变互相映衬，互为因果，在道统率下的礼法结合，辩证性地阐述了治理之道的真谛。从上述之论不难看出，《管子》和《淮南子》均重视法要合乎规律性，即符合“道”的原则和要求，具体的法令应符合“道”才得以顺利实施并被民众所接受。

二、《管子》与《淮南子》法律观念比较

（一）工具主义法律观：“道”之领悟程度不同的法律观

1. 法的定位和功能

（1）法的社会地位

第一，《管子》认为法在治国安邦中虽然重要，但只是次要手段。对于法的定位，《管子》的要旨在于以法作为安天下的手段，在《管子》看来，法尽管是极其重要的、不可或缺的手段，但也只是“治国”的诸多可以选择的手段之一，是第二位的从属问题。

第二，《淮南子》所持观点也基本相同，认为法是治国安邦的重要手段之一。《淮南子》以法家思想为本源和理论依据，并对其进行改革，在肯定“道”在治理国家中的根本性作用的前提下，强调了法在治理国家、维护社会秩序方面具有不可忽视的工具性作用，提出了一些契合时代需要的治国方略。当然，一个应予以明确的前提是，我们在对二者法思想进行分析、鉴别的同时，不可苛求古人，也不应用今天法治的标准去衡量彼时之法思想和治理策略。

---

① 戴黍．以治为重心：试析《淮南子》之道［J］．江淮论坛，2008（1）：158.

（2）法的社会功能

第一，《管子》认为，法者，万民之仪表。在工具主义法律观宏观指导下，《管子》一书中对于法比较具有代表性的定义为："法度者，万民之仪表也。"① 明确提出："夫法者，所以兴功惧暴也；律者所以定分止争也；令者所以令人知事也。法律政令者，使民规矩绳墨也。"② 在将"法"进行功能性定位为"万民之仪表"之后，进而对法、律、令进行层次性划分的基础上，认为具有不同的作用。法的作用为"兴功惧暴"，"律"的作用为"定纷止争"，"令"的作用为"令人知事"。"法""律""令"三者互相配合，层层递进，各处在不同的位阶。"法"处于最高之位阶，与"道"连接最为密切，也是最能够体现"道"的原则和精神的；"律"次之，是在社会出现矛盾和纠纷之后，解决这些矛盾和纠纷的准则；"令"属于指引性范畴，通过"令"的制定和公布，民众可以知晓该如何行事。"法""律""令"三位一体，共同构成民众所遵守的规范体系，为社会秩序之有效维持提供前提性基础。

第二，《淮南子》一直主张工具主义法律观。认为法的社会功能是治理的工具，法者，治之具也。《淮南子》在着重强调"以道统法"的前提下定义了法，"故圣人所由曰道，所为曰事。道犹金石，一调不更；事犹琴瑟，每弦改调。故法制礼义者，治人之具也，而非所以为治也"③。"法者，治之具也"④。上述论述重在强调法律只是一种治理国家的工具，作为对国家进行有效治理的"法"，必须符合"道"的宗旨要求，也只有这样的"法"，才能在实施中达到良好效果，实现"大治"。

2. 道与法——虚与实

综合看来，《淮南子》对"道"的强调程度更高一些，一个最重要的原因是《淮南子》仅作为纸上的治国策略，而没有得到实施，理想化的成

① 《管子·形势解》。
② 《管子·七臣七主》。
③ 《淮南子·氾论训》。
④ 《淮南子·泰族训》。

分更多一些。相较之下，《管子》对于法的重视程度更胜一筹，毕竟作为必须面对当时复杂的社会现实，又急切需要实现富国强兵的齐国而言，国库充盈、百姓富足、兵强马壮的现实要远比虚无的美好理想更实在，也更有价值①。

（二）实证主义："变"之实施效果不同的立法观

1. 相同之处——"顺天道，与时变"的实证主义立法观

（1）"顺应天道"和"以道统法"，立法应符合客观规律的要求。《管子》提出了"宪法制度必法道"②。这里的"道"和《淮南子》中的"道"一般都理解为自然规律或者事物本身所具有的规律。《淮南子》也提出了制定法律要符合客观实际情况，法律被制定出来之后，不但法律制度本身要符合"道"的原则，还要达到"令行"的效果，发挥其实际作用，避免法因得不到实际执行而成为空文。"不用之法，圣王弗行；不验之言，圣王弗听"③，应按照"高不可及者，不可以为人量；行不可逮者，不可以为国俗"的原则立法。

（2）"顺民心"和"发于人间，生于义"，法应当源于实际需要，体现民众的利益和要求。《管子》主张法律要"令顺民心，则威令行"④，只有如此，立法的目的才可达到。《淮南子》主张"法生于义""发于人间"，此处的"义"主要指众人之宜，也即符合众人的要求和利益，而人间所强调的也在于此。

（3）"与时变，与俗化"和"与化推移""与时而变"，法不是一成不变的，而应随着实际情势的变化而不断变化。《管子·正世》篇强调法令要"故其位齐也，不慕古，不留今，与时变，与俗化"，古人和先贤之法虽有其合理性，但实际情形已经改变，所以，不能因为是祖宗之法就一味

---

① 当然，在此笔者并不否认《淮南子》也有着类似的目的。但从综合上考量，《管子》中的现实成分更重一些。

② 《管子·法治》。

③ 《淮南子·氾论训》。

④ 《管子·牧民》。

地抱残守缺，拒绝改变，即使是今人所制定的法，也应随实际而变。在坚持“以道统法”的法律观和无为观的前提下，《淮南子》提出了与《管子》类似的观点，主张法律与制度应当“与化推移”“与时而变”，以适应变化了的时势。当然，法律不可朝令夕改，不可因为法应与时而变而滑向朝令夕改的极端，损伤法的稳定性和可预期性。毕竟，对于民众而言，法的稳定性和可预期性是非常重要的，至于法应当如何变以及变化的频率，《淮南子》与《管子》均未提及。

（4）“制无逾民”和“政令约省”，法律应该适中，宽严相济。《管子》认为立法要宽严适度，“赏罚之制，无逾于民”①。法律是维护并保持社会秩序的，应当可循，不可强求不可为之事，易于为民众所接受。《淮南子》认为“非易不可以治大，非简不可以合众。大乐必易，大礼必简。易故能天，简故能地”②。显而易见，法令简约、通俗、易知，才有利于君主掌握和百姓遵守，达到“政令约省，而化耀如神”效果③。如果繁杂无序，必然因为难以理解和把握，而得不到切实贯彻和遵守。

2.《管子》偏重实效的立法思想及原因

（1）法令统一。《管子·任法》篇强调“法律之判定，力求统一”，如果法度不一，“则守法者感，侵至背法而立私也”④，“国法，法不一，则有国者不祥”⑤。《管子》着重强调法令的统一，与当时齐国的实际情形分不开，作为一个典型的人治国家，需要上下一致的政策和法令，而这些法令又需要人去执行，法令的统一，对于中枢意志的贯彻、行政效能的提高、有效治理国家等方面都具有重要意义。

（2）集思广益。《管子·九守》篇中说：“目贵明，耳贵聪，心贵智。以天下之目视则无不见也，以天下之耳听则无不闻也，以天下之心虑则无

---

① 《管子·君臣上》。
② 《淮南子·诠言训》。
③ 《淮南子·泰族训》。
④ 《管子·乘马》。
⑤ 《管子·任法》。

不知也。”在此，以“目”“耳”“心”作为手段，以汇聚起来的民众的“目”“耳”“心”作为依托，就可以达到“无不见”“无不闻”“无不知”的境界。法令的制定必须广泛征求民众的意见，采纳民意，使立法具有民意的基础，这样的法才能够得到民众的认可，也更有利于实施。

（3）理想的法律标准。最为理想的法律是什么样的法律，其标准是什么，是严酷还是宽松？在这个方面，《管子》认为较为理想的法律是“法行而不苛，刑廉而不赦”，“菀浊困滞者，法度不亡”①，法律要可行而不严苛，宽严相济，责罚适度。用这样的法律来治理国家，则“往行不来，而民游世矣”，即达到往者和来者都无所拘束、人民幸福快乐、国家兴旺发达的目标。

从以上有关立法思想的论述中不难窥见，《管子》的立法思想与《淮南子》相比较，更加偏重于法的实效，最重要的原因是《管子》有很大一部分是对管仲相齐时的法令政策的总结。众所周知，法的制定和实际的执行以及实施效果之间差距很大，而对于具有实际行政和执法经验的管仲而言，对于立法，会更加注重法令制定之后的实效。

（三）规则主义：“度”之衡量标准不同的执法观

自古以来就有民谚云：“说起来容易，做起来难。”将这句话套用在法律的制定和执行方面，可能会产生同样的效果，法律也是“制定起来容易，执行起来难”。法律在制定之后，该如何有效执行，使其发挥预期作用，在社会实际之中产生作用，而不至于因得不到切实有效执行而成为“纸上的法律”，是立法者、执法者、社会治理者、民众等各主体都需要考虑的课题之一。《管子》与《淮南子》都对于执法原则、方法作了论述，只是二者因衡量标准的差异而在具体执法观上有所不同。

1. 相同之处——“以法限君”和“公正平等”执法思想

（1）“令行禁止”和“无私好憎”，执法必严思想。《管子》以“大治”为着眼点，强调法律必须“令行禁止”。《管子·立政》篇认为，只

① 《管子·中匡》。

有“令则行，禁则止”，“君臣、上下、贵贱皆从法，此谓为大治”①。《淮南子》以达到“为平”“为正”“为命”为着眼点，对人主的“法”的执行原则提出了和《管子》类似的主张。“衡之于左右，无私轻重，故可以为平；绳之于内外，无私曲直，故可以为正。人主之于用法，无私好憎，故可以为命。”②

（2）“上下贵贱皆从法”和“尊贵不轻罚，卑贱不重刑”平等主义执法观。《管子·任法》篇曰：“君臣上下贵贱皆从法”，提出了君臣行为均应符合法令规定，上下贵贱在法令执行上平等的思想。《淮南子·主术训》提出“尊贵者不轻其罚，而卑贱者不重其刑，犯法者虽贤必诛，中度者虽不肖必无罪，是故公道通而私道塞矣”。以“尊不轻罚”“贱不重刑”为起点，进而论证了执法的具体措施以及可能产生的效果——“公道通而私道塞”。“刑杀无赦，虽有盛尊之亲，断以法度”③，提出了“尊贵不轻罚，卑贱不重刑”和凡违法行为，都应“断以法度”的平等执法思想。由前面论述可知，《管子》和《淮南子》都强调执法的一致性和平等执法的重要性。

（3）“置法以自治，立仪以自正”和“自检仪表，令行天下”，“以法限君”思想。“禁胜于身，则令行于民”④，意在强调如果君主个人严格遵守法令，以身作则，那么民众必然会因看到或听到君主带头遵守法令而自觉依照法令行事，这样既赢得了民心，又利于法令的推行。《管子·法法》篇同时也认为“故置法以自治，立仪以自正也。是故上不行则民不从，被民不服，法死制，则国必乱矣。是以有道之君，行法修制，先民服也”。“置法”的目的在于“自治”，“立仪”的目的在于“自正”，如果立法者和君主都不守法，那么民众必然也不会自觉遵守法令，如此下去，制定法令也就没有任何意义了，国家也会因为没有法令维护秩序而混乱。一个贤

---

① 《管子·任法》。
② 《淮南子·主术训》。
③ 《淮南子·时则训》。
④ 《管子·法法》。

明的君主，会做一个遵守法令的典范而让民众信服。在君主带头遵守法令方面，《淮南子》与上述《管子》的主张类似，“法者，天下之度量，而人主之准绳也。是故人主之立法，先自为检式仪表，故令行于天下”①，二者具体表述虽有所不同，但其精神实质可以说是殊途同归。

2. 执法者执法经验总结和期望——《管子》中所着重强调的执法思想

（1）“过不赦，善不遗”，有错必纠的思想。《管子·法法》篇认为“上赦小过则民多重罪，积之所生也”。就是说小过积累起来可以酿成大过，犯小过的人如果不受惩罚，那么犯大过的人就会越来越多。所以，紧接着继续论述道，“有过不赦，有善不遗，励民之道，于此乎用之矣”。这对于我们今天的社会管理和治理有着积极的启发意义，对于一些违法乱纪现象，必须在其初期就依照法律法规予以严格处理，不应纵容违法者。任何人不应从自己的违法行为中获取利益，即使获取利益，也不能够得到认可②。

（2）宽严适度，慎罚少杀，执法应有必要的限度。关于执法的限度和刑罚的作用方面，《管子·牧民》篇中有精辟的论述，“故刑罚不足以畏其意，杀戮不足以服其心。故刑罚繁而意不恐，则令不行矣；杀戮众而心不服，则上位危矣。”在此，《管子》作了一个假设性论证，即如果“刑不畏意”，那么，“令”就得不到执行；“杀不服心”，如果滥杀无辜，不能让人心服，必然导致“上位危矣”的后果。法作为一种规范人们行为的规则，强制性是其与其他社会规范相比较而言最为突出的特征，但法的强制性必须要控制在一个适度的范围之内，也就是我们常说的法律的强制性是一种潜在的强制性，应当慎用法的强制性，如果超出了适当的限度，法将与赤裸裸的暴力无异，这与制定法的目的显然是背道而驰的。强调执法要有必要的限度，这与《管子》一书中强烈的重民、顺民的思想脉络是一致的。

---

① 《淮南子·主术训》。

② 《管子·法法》。

（3）私道行—法度侵—国乱，执法中无私的重要价值。《管子》执法思想的重要特点之一是强调执法的公正无私，并用一个具有逻辑上因果关系和比较的范式对两者进行了论证，以此强调执法中无私的重要价值。“私道行则法度侵”①，“法度行则国治，私意行则国乱”②。一种情形是，一个国家若私欲横行，人人都为自己利益考虑而不为国家利益进行奋斗，在这样的国家里，人们为了追求一己私利，必然不惜违反甚至破坏法律，赖以维持秩序的法律被破坏了，国家也就陷入一片混乱。另一种情形是，一个国家的人们能够为了国家的利益而牺牲个人利益，为国家的强盛无私奋斗，在法律的实施过程中做到无私，以公平、公正为准则，这样的国家必然能够有效治理，进而形成国富民强、长治久安、繁荣昌盛的大好局面。

三、结语

在如今中国处于社会矛盾多发、价值多元、各利益主体诉求相异的情况之下，作为法学的研究者、法治的实践者和参与者，我们认为在对先贤们深邃的思想和理论进行研究的过程中，应当坚持“返回思想的形而下”，即立足于现实之需要，着眼于现实问题的解决，将研究与现实结合起来才能使研究具有积极意义和持久的生命力，也能够使先贤的理论和思想在新的实践中得以丰富和发展。当然，应当予以明确的是，着眼于现实的研究和研究深度并不矛盾，将二者有机结合应是研究者和实践者所孜孜以求的境界。本章正是在这个意义上梳理了《管子》与《淮南子》法思想，辩明两者的共通之处，分析其中的原因。

① 《管子·七臣七主》。
② 《管子·明法解》。

附　录

与法治相关的成语解读

一定之法 yī dìng zhī fǎ

［释义］一定：固定不变。一经确定下来，就不再改变的法规。

［出处］《淮南子·氾论训》：“何况乎君数易世，国数易君，人以其位，达其好憎；以其威势，供其嗜欲，而欲以一行之礼，一定之法，应时偶变，其所不能中权，亦明矣。”

［启示］《淮南子·氾论训》指出，物质文明和科学技术，是随着时代发展而产生的，对于法制和礼乐制度，“不宜则废之”。圣人治政，不能凝滞不化，要“论事而为之治”。国君经常面临世道的变化，也应当根据变化的情况，制定不同的国策。君凭着他的地位，行其所好，去其所憎；用他的权威，满足他的嗜欲。根据一时确定的法律，利用片面的礼节，来应付时势的变化，这明显不符合因时制宜的要求。

法律法规制定之后，应具有稳定性，不能朝令夕改，使民众无所适从，这是一个国家有效治理的关键所在。当然，我们强调法律的稳定性和延续性，这与根据变化了的客观情况及时对法律法规进行立改废是不相矛盾的。

［示例］《明史·吕坤传》：“如轻重可以就喜怒之情，则例不得为一定之法。”

［摘选］《古今汉语成语词典》，山西人民出版社，1985 年版，第 19 页。

一定之规 yī dìng zhī guī

［释义］指一定的规则或规划。今多用来比喻已经确定的主意。

［出处］由“一定之法”衍生而来。

［启示］对于一个国家而言，一旦确定的方针政策，就应当按照这些方针政策的要求，持之以恒地贯彻落实下去，实现这些方针政策的预期目的。对于一个地区而言，确定了的发展规划，应当一张蓝图绘到底，一届接着一届干，不能“新官不理旧账”。

［示例］宋·彭龟年《应诏论雷雨为灾奏》：“惟庙议无一定之规，故

出令有二三之感。”

［摘选］ 《汉语成语源流大辞典》，开明出版社，2009 年版，第 1347 页。

一定之计 yī dìng zhī jì

［释义］指事先拟定的计划、策略或大政方针。

［出处］由“一定之规”衍生而来。

［启示］凡事预则立，不预则废。做任何事情之前，都应当根据客观的实际情况，制订出切实可行的计划，然后，按照计划，有步骤地实施和执行。就一个国家而言，发展的大政方针也需要符合国情和客观规律。

［示例］宋·洪迈《容斋续笔》：“人臣之遇明主，于始见之际，图事揆策，必有一定之计，据以为快，然后终身不易其言。”

［摘选］ 《汉语成语源流大辞典》，开明出版社，2009 年版，第 1347 页。

一定不易 yī dìng bù yì

［释义］易：改变。原指一定下来就不变更，后形容事理正确，不可改变。也作“一定不移”。

［出处］《淮南子·主术训》：“今夫权衡规矩，一定而不易，不为秦楚变节，不为胡越改容。”

［启示］《淮南子·主术训》提出，治国要实行“无为而治”，就是按照自然和社会规律办事。治国之本在于安民，“民者，国之本也。”舟行水面，车行路面，是自然规律。被水流拍打而伤船身，被木石撞击而折车轴。无人埋怨水流、木石，而怪罪撑船、推车的人技巧笨拙，没有按“道”行驶。定下来的正确事理，不可改变。

［示例］宋·陈亮《书林勋〈本政书〉后》：“立政以公而示天下以广，则民不骇而政易行。然后勋所定之制，可以一定而不易，庶几勋之志也。”

［摘选］《汉语成语源流大辞典》，开明出版社，2009 年版，第 1347 页。

一定之论 yī dìng zhī lùn

［释义］指创立、确立之后始终坚持不变的论点、主张或学说。

［出处］《淮南子·原道训》："夫性命者，与形俱出其宗，形备而性命成，性命成而好憎生矣。故士有一定之论，女有不易之行。"

［启示］任何一种学说或主张都有其产生的原因，探究起来，主要有以下几个方面：一是客观环境，也就是学说或主张产生的社会背景；二是主观的努力，需要创立者努力工作，认真观察，深入分析，然后才能总结规律，创立学说或主张；三是学说或主张的支持者大力宣传，扩大影响。

［示例］汉·班固《答宾戏》："盖闻圣人有一定之论，烈士有不易之分。"

［摘选］《汉语成语源流大辞典》，开明出版社，2009 年版，第 1347 页。

化干戈为玉帛 huà gān gē wéi yù bó

［释义］玉帛：玉即玉，帛为丝织品。二者皆为进贡之上品，在此引申为重归于好，相互礼尚往来的意思。干戈：兵器的意思，借指战争或者争斗。比喻使战争转变为和平。也作"偃干戈，修文德""玉帛干戈"。反其意而用，作"舍玉帛而干戈"。

［出处］《淮南子·原道训》："昔者，夏鲧作三仞之城，诸侯背之，海外有狡心。禹知天下之叛也，乃坏城平池，散财物，焚甲兵，施之以德，海外宾伏，四夷纳职，合诸侯于涂山，执玉帛者万国。故机械之心藏于胸中，则纯白不粹，神德不全。在身者不知，何远之所能怀?"

［启示］大禹的父亲夏鲧通过修高城池来防卫国内外的叛乱，但结果却是越防越乱，不仅诸侯国背叛自己，连海外各国也都对其怀有狡诈之心。后来大禹执政事，完全改变了父亲以"防"杜乱的方略，转而采用

"疏"的政策，拆除城墙，填平护城河，散发财物，焚烧兵器盔甲，广施仁德，由此迎来了四海宾服、夷族纳贡的大治景象，带着玉器、锦缎来进贡的诸侯国数以万计。

这条成语寓意深刻，发人深思。就治国而言，最根本的是施以德政，休养生息，藏富于民。"仓廪实则知礼节，衣食足则知荣辱"，"虽有甲兵，无所陈之"。

就为人处事而言，机巧之心不能过重，要善于顺应事物之自然，以简驭繁。大禹在治国中，善于顺民之性而为，在治水的传说中，也是顺地势之自然，舒而导之，使洪水随地势顺利入海。

［示例］老舍《茶馆》第一幕："三五十口子打手，经调人东说西说，便都喝碗茶，吃碗烂肉面，就可以化干戈为玉帛了。"

［摘选］《汉语成语源流大辞典》，开明出版社，2009 年版，第 499 页。

方枘圆凿 fāng ruì yuán záo

［释义］枘：榫（sǔn）头；凿：榫眼；卯眼。方形的榫头，圆形的卯眼。比喻两不相合，格格不入。也作"方底圆盖""方木圆孔""方凿园枘"。

［出处］《淮南子·氾论训》："今世之法籍与时变，礼义与俗易，为学者循先袭业，据籍守旧教，以为非此不治，是犹持方枘而周圆凿也。"（《文子》中也有此话）

［启示］道不相同者，不与为之谋。如果两种思想在各个方面都不相同，甚至互相矛盾，那么，要想将二者统一协调起来，将会非常难。

［示例］唐·崔佑甫《广丧朋友议》："慎无以方枘施圆凿，自取辱焉。"唐·杜甫《入衡州》："嗟彼苦节士，素于圆凿方。"

［摘选］《汉语成语源流大辞典》，开明出版社，2009 年版，第 331 页。

六月飞霜 liù yuè fēi shuāng

［释义］六月盛夏，天上降下霜来。比喻惨痛的冤狱、冤情。又作“六月霜”“五月飞霜”。

［出处］出自《淮南子·览冥训》。唐·李善注引《淮南子》：“邹衍尽忠於燕惠王，惠王信譖而譖之。邹子仰天而哭，正夏而天为之降霜。”唐·徐坚《初学记》卷二引《淮南子》：“战国时，邹衍尽忠于燕惠王，而被人陷害入狱。邹衍在狱中仰天而哭，时正炎夏，却忽然降霜。”一说出自汉·王充《论衡》，此书较晚不足为源。

［启示］六月本是炎热的盛夏，按照各个季节的自然规律，降雪都是在寒冷的冬季，在炎热的夏天下雪，是异常的，而且是违背自然规律的。此种情况的出现，说明事情的发生非常罕见，异于常理。

［示例］汉·王充《论衡·感虚》：“邹衍无罪，见拘於燕，当夏五月，仰天而叹，天为陨霜。”

［典故］

邹衍冤

传说战国时期的邹衍，学过黄老学说，研究阴阳五行，燕昭王很佩服他，把他请到燕国的国都，给他在幽州蓟县西30公里的地方盖了一个碣石宫，拜他为师。昭王死后，惠王继位，大臣们纷纷说邹衍的坏话，惠王误信谗言，就把邹衍关进了牢狱。

邹衍受了诬陷，人们都为他鸣不平。据说，那年夏天，燕国土地上竟然降了霜。人们纷纷传说：莫不是老天也知道邹衍受了冤屈？后来，惠王把邹衍放了。邹衍从牢里出来，跑到旷野里吹起了竹乐，于是阳光和煦，大地上的五谷又生长起来了。

邹衍一生著述甚丰。《汉书·艺文志》在阴阳家类录《邹子》49篇、《邹子始终》56篇。《史记·孟子荀卿列传》说他著有“《始终》《大圣》之篇十余万言”。邹衍在音乐、方技方面也颇有造诣。

［摘选］　《汉语成语源流大辞典》，开明出版社，2009年版，第745页。

户辩家说 hù biàn jiā shuō

［释义］挨户通告，人人知晓。也作“户告人晓”“家喻户晓”“家至人说”“家闻户知”“家见户说”“家到户说”“门告户说”。

［出处］《淮南子·泰族训》：“四海之内，莫不仰上之德，象主之指，夷狄之国，重泽而至，非户辩而家说之也。推其诚心，施之天下而已矣。”

［启示］《淮南子·泰族训》论述了君主在施政过程中的诚心。政令的贯彻执行要靠人的精诚。四海之内，都仰慕君主的恩德，依顺君主的意旨，远方国家通过辗转反侧前来朝见，这不是靠挨家挨户的劝说宣传实现的，而是靠君主将自己的诚心实行于天下。《诗经》中说“爱抚国中百姓，就可以进而安抚四方。”内部和顺而外部就会安宁了。

［摘选］《汉语成语大全（第 2 版）》，商务印书馆，2011 年版，第 643 页。

水浊鱼噞 shuǐ zhuó yú yǎn

［释义］水太浑浊了，鱼就喘不过气来。比喻在苛政之下人民不得安居乐业。也作“水浊鱼喁（yóng 鱼口露出水面）”。

［出处］《淮南子·主术训》：“夫水浊则鱼噞，政苛则民乱。”《淮南子·缪称训》：“水浊者鱼噞，令苛者民乱。”《淮南子·说山训》：“水浊而鱼噞，形老则神乱。”

曾有学者推测此语是《淮南子》作者采用《韩诗外传》词意而改之，也有学者认为“或古有是语两书同采之”。此语出处虽难考，二书用意有不同。《韩诗外传》用以论证的是儒家式的、有恩有为的“有为之治”“礼义之治”。《淮南子》用以喻证的是黄老道家式的、清静无为的“无为而治”。从字面上看，流传至今的“水浊鱼噞”出自《淮南子》并无争议。

［启示］《淮南子》谏言，统治者应该把百姓的意志作为自己的意志，根据百姓的意志和心愿来施政。正如老子所说的：“圣人无常心，以百姓心为心。”统治者不能把个人意志强加于百姓头上，也不能有过多的私欲，

这样会加剧社会动荡不安，更不能促进经济社会发展和改善民众生活。就像鱼儿与水的关系一样，本来鱼儿的生存和繁殖会对水有一定的需求和适应度，如果人为地改变鱼儿的生存环境，鱼儿就会因为水过于浑浊而无法悠然自得。

老子还说“治大国若烹小鲜”。治理一个大的国家，不能政令繁杂，不可多事扰民。而应该像煎小鱼那样，不能不停地翻动。翻动越多越快，小鱼就会碎得厉害，烂得一团糟。就像一个相对宽松、相对自然的水环境更适合鱼儿生长一样，统治者应该适时适宜颁布政令，而不能政令频出，干扰老百姓正常的生产、生活。

［示例］《邓析之·无厚篇》：“夫水浊则无掉尾之鱼，政苛则无逸乐之士。”

［典故］

神农之治

从前神农氏统治天下的时候，精神安静，怀抱着他的仁诚之心，在四方疆界实行仁政。每日按时考察下情，以公心教育万民。他的地域南到交趾（今两广以南和越南北部一带），北达幽都（古代北方山名），东临汤谷（传说日出之处），西接三危（山名，在甘肃敦煌以南）。没有人不听从的。那时刑法宽松，牢狱空空，而天下习俗统一，无人怀有奸诈之心。

［摘选］　《汉语成语源流大辞典》，开明出版社，2009 年版，第 1112 页。

今是昨非 jīn shì zuó fēi

［释义］形容人们认识和悔恨以前的过错。也作“前非今是”。

［出处］《淮南子·原道训》：“蘧伯玉年五十，而有四十九年非。”

［启示］人非圣贤，孰能无过。有错并不可怕，可怕的是拒绝承认自己的过错，也不去改正过错。知错能改，善莫大焉。一个能够成功的人，必然是勇敢承认自己错误的人，勇于面对错误，分析错误产生的原因，制订切实可行的策略改正错误，方是理智可行之道。

［示例］唐·王起《重寸阴尺璧赋》："净乎日就月将，今是昨非，六艺远学，所以知微。"鲁迅《导师》："但我们究竟还有一点记忆，回想起来，怎样的'今是昨非'呵。"

古代卫国贤相衢伯玉活到了五十岁，回顾过去才知道自己四十九年的过错，后人因谓五十岁为知非之年。后人用这个故事，泛指开朗豁达之人，善于认识自己的错误并改正之。

［摘选］《成语探源词典》，首都师范大学出版社，2008年版，第367页。

五帝三王 wǔ dì sān wáng

［释义］古代传说中的帝王说法不一，通常五帝指黄帝、颛顼（zhuān xū）、帝喾（kù）、唐尧、虞舜；三王指夏禹、商汤和周文王。

［出处］《淮南子·氾论训》："自古及今，五帝三王，未有能全其行者也。"《淮南子·泰族训》："五帝三王之道，天下之纲纪，治之仪表也。"

［启示］五帝三王，他们的道德和功绩举世无双，是后人的楷模。

［示例］唐·陈子昂《答制问事》："顺时兴务，至公至仁，垂训天人，可谓典章在备，制度宏远，五帝三王，所不及也。"

［典故］

尧之举

尧治理天下的时候，政治教化平和，德泽普施百姓，统治天下七十年。尧下令推荐一人代他统治天下，大家一致把舜推荐给尧。尧把两个女儿嫁给舜，观察舜的理家能力。把管理百官的重任交给舜，观察舜的治国能力。让舜进入大森林，舜面临狂风暴雨而不迷失方向。尧把自己的九个儿子嘱托给舜，又赠给舜传国的美玉，最后尧把帝位禅让给了舜。

［摘选］《汉语成语源流大辞典》，开明出版社，2009年版，第1021页。

鸟尽弓藏，兔死狗烹 niǎo jìn gōng cáng，tù sǐ gǒu pēng

［释义］比喻事情成功之后，曾经出过力的人就遭到摒弃和杀害。也作“鸟尽弓藏”“兔死狗烹”“狡兔死，走狗烹”“弓藏鸟尽，兔死犬烹”“藏弓烹狗”“弓藏兔尽”“鸟得弓藏”“烹功狗”“弓藏”。

［出处］《淮南子·说林训》：“狡兔得而猎犬烹，高鸟尽而强弩藏。”一说出自《史记》，而《史记》晚于《淮南子》，当以《淮南子》为源。

［启示］“鸟尽弓藏，兔死狗烹”这一成语，富有哲理。事物存在都具有条件性。而这种条件性正符合道家“相反者相成”的辩证思维，它赋予了该事物是否存在的意义和价值。《老子·二章》说：“有无相生，相易难成，长短相形，高下相倾，音声相和，前后相随，恒也。”老子解释了现实世界中的那些具有深刻内涵的相反相对的关系，提炼出一系列具有现实意蕴的相反相对概念，从而进入哲学思辨层面，深刻地揭示出事物之间的对立统一、相互依存的规律。因此，后人多用“鸟尽弓藏，兔死狗烹”来形容一个人失去利用价值之后被无情抛弃的凄凉心境和悲惨下场。

［示例］唐·王珪《咏淮阴侯》：“吉凶成纠缠，倚伏难预详。弓藏狡兔尽，慷慨念心伤。”宋·饶节《谒汉高帝庙》：“他日英雄矜胜败，今时田野话兴亡。狗烹兔死已千载，雷动风行尚一方。”清·赵翼《歌风台怀古》：“负心事竟烹功狗，出手威原斩路蛇。”

［典故］

范蠡“投湖”

春秋末期，吴、越争霸，越国被吴国打败，屈服求和。

越王勾践卧薪尝胆，任用大夫文种、范蠡整顿国家，十年生聚，十年教训，使国家转弱为强，终于击败吴国，洗雪国耻。吴王夫差兵败出逃，连续七次向越国求和。文种、范蠡坚持不允。夫差无奈，把一封信系在剑上射入范蠡营中。信上写道：“兔子捉光了，捉兔的狗就没有用了，就被杀了煮肉吃；敌国灭掉了，谋臣没用处了，就被抛弃。两位大夫为什么不让吴国保存下来，替自己留点余地呢?”文种、范蠡还是拒绝议和，夫差只好拔剑自刎。

越王勾践灭了吴国，发觉范蠡不知去向。第二天，大家在太湖边找到了范蠡的外衣，以为范蠡投湖自杀了。可过了不久，有人送来一封信，上面写道："飞鸟打尽了，弹弓被收藏起来；野兔捉光了，狗被杀吃光了；敌国灭掉了，谋臣就会遭害。越王为人，只可和他共患难，不宜与他同安乐。大夫至今不离他而去，不久难免有杀身之祸。"文种此时方知范蠡没有死，而是隐居了。他虽然不尽相信信中所言，但从此告病不上朝，日久引起勾践怀疑。一天，勾践登门探望文种，临别留下佩剑一把。文种见剑鞘上有"属镂"二字，正是当年吴王夫差逼忠良伍子胥自杀的那把剑。他明白勾践的用意，悔不该不听从范蠡的劝告，只得引剑自尽。

［摘选］《汉语成语源流大辞典》，开明出版社，2009 年版，第 847 页。

头会箕赋 tóu kuài jī fù

［释义］按人数征税，用簸箕装取所征的谷物。指赋税苛刻繁重。也作"头会畚敛"。

［出处］《淮南子 · 氾论训》："秦之时，高为台榭，大为苑囿……头会箕赋，输于少府。"

［启示］其宗旨是说世间古今得失，提倡法与时变，礼与俗化，归结于"道"。反对从旧循古，"治国有常，利民为本；政教有经，令行为上。苟利于民，不必法古；苟周于事，不必循旧。"体现了作者进步的历史观。头会箕敛是中国最早的产生于秦代的人口赋税制度。作者借以提醒国君，要效法古代圣贤的治国之道，吸取秦朝灭亡的教训，以道家"无为而治"的思想治国，轻徭薄赋，藏富于民，才能保证国家的长治久安。

［示例］西汉 · 司马迁《史记 · 张耳陈余列传》："头会箕敛，以供军费。"

［摘选］《汉语成语大全（第 2 版）》，商务印书馆，2011 年版，第 1487 页。

死不旋踵 sǐ bù xuán zhǒng

[释义] 旋踵：转动脚后跟，引申为后退。比喻不畏艰险，奋勇向前，或死期就在眼前，并不惧怕。也作“死不还踵”（还：通“旋”）。

[出处]《淮南子·泰族训》：“孔子弟子七十，养徒三千人，皆入孝出悌，言为文章，行为仪表，教之所以成也；墨子服役者百八十人皆可使赴火蹈刀，死不还踵，化之所致也。”（《战国策》中也有此话）

[启示] 真正的勇士，是面对危险，甚至生死，都不畏惧之人，而且能够为了自己的事业和所追求的目标，哪怕前面就是生死相隔，也勇往直前。这样的人，其勇气可嘉。成大事者，需要这样的勇气。

[示例]《战国策·中山策》：“当此之时，秦中士卒，以军中为家，将帅为父母，不约而亲，不谋而信，一心同功，死不旋踵。”

[典故]

李膺执法死不旋踵

李膺是东汉桓帝时期赫赫有名的“八大俊杰”之一。当时宦官头子张让有个弟弟叫张朔。他依仗其兄的权势，当上了野王县令。张朔当政以后，贪婪残暴。有一天，他酒足饭饱后，突生恶念，说要瞧瞧未出生的婴儿是个什么模样，便令人把一个孕妇活活地剖腹杀害了。李膺查知张朔的罪恶后，决定捉拿张朔归案。但前去搜捕的官员回来报告说，张朔畏罪逃京，躲在其兄张让家里。

张让府邸豪华，有一镶金雕玉的大厅，竖立着八根又粗又高的松木大柱，其中一根木柱中间掏空，形成一个密室，外面又装饰得和其他几个柱子一模一样，经察访张朔就藏在里面。张让府邸门庭森严，一般官吏无法进入。李膺不理那一套，手持令牌，率领洛阳狱卒，抓获张朔归案，并依法将其斩首示众。

张让整天寻思着如何谋害李膺，为弟弟报仇，就跑到桓帝那里诬告李膺冤枉了他弟弟，又说李膺先斩后奏，犯欺君之罪。

桓帝把李膺招进殿来，厉声责问：“李膺，你眼里还有没有朕？为什么不奏朝廷再施刑戮？”李膺明白了皇上发怒的原因，若有所思地说：“陛下，你不是经常说臣要像古代的贤臣学习吗？我杀张朔，正是按照圣上的教谕办的。”皇帝质问：“古代贤臣的美德是忠君顺上，以朕意为法，岂有执法不从君命的道理？”李膺答道：“从前，晋文公因卫城公乱杀人，就把他带到京师，《春秋》中肯定了这种做法。《周礼》说：‘公族人违法犯罪，虽想宽容，但有司衙门却执法不从。’听说，孔子在鲁国任司寇时，七天就杀了少正卯。臣已上任十多天了，一直怕因积压案件、执法不严而犯上。如皇上因此问罪与我，纵死黄泉，我绝不推脱责任。不过，我请求宽容我五天，等我把那些危害朝廷、残害百姓的祸首铲除掉，再来伏罪就戮，这是我有生的唯一愿望。”言罢，扬长而去。

李膺这一番慷慨激昂的陈词，说得桓帝不再责怪，回头对张让说：“你弟弟罪有应得，李膺有什么过错呢!”

李膺执法不从君命，至死毫不动摇的行为，震动了整个宫廷。从此，那些不守法度的宦官们都小心谨慎了。

［摘选］《古今汉语成语词典》，山西人民出版社，1985 年版，第 275 页。

执正持平 zhí zhèng chí píng

［释义］坚持执行公平合理，不偏不向。

［出处］《淮南子·主术训》：“使人主执正持平，如从绳准高下，则群臣以邪来者，犹以卵投石，以火投水。”

［启示］《淮南子·主术训》指出，国君须诚实公正，让正直的人担任要职，奸邪之人便会躲藏起来；国君不正派，那些奸邪小人便会得志，忠贤良才就要隐居起来。人们不愿去剖击僵硬的玉石，而随意能打开瓜瓠，是因为玉石不可轻易冒犯。如果国君执掌权力公平、公正、公开，依循准绳，上下一致，那么群臣中若有不正之风，也是有人鸡蛋碰石头，自取灭亡。

［摘选］《古今汉语成语词典》，山西人民出版社，1985 年版，第 277 页。

同甘共苦 tóng gān gòng kǔ

[释义] 一同尝甜的，也一同吃苦的。比喻有福同享，有难同当。也作“分甘共苦”“甘苦与共”。

[出处]《淮南子·兵略训》：“故将必与卒同甘苦，俟饥寒，故其死可得而尽也。”（《战国策》上也有此话）

[启示] 大家一起做事或在一起生活，不可能都是一帆风顺，必然会遇到这样或那样的困难；在一帆风顺或享受幸福的时候，大家都能够和谐共处，那么，在困难的时候，也应当一起努力，克服困难，战胜挫折。唯如此，才能长久地合作共处下去。

[示例]《战国策·燕一》：“燕王吊死问生，与百姓同甘共苦。”

[感悟]

同甘共苦长征路

两万五千里长征途上，不仅有千山万水、雪山草地，更有强大敌军的围追堵截。红军纪律极为严明，用人民军队的新形象，争取了劳苦大众的心。红军每到一地，都要开仓济贫，废除苛捐杂税，为百姓申冤除害。正因如此，红军所到之处，各族群众帮助筹粮筹款，当向导，送情报，救护安置伤病员，协助作战，纷纷报名参加红军。

历时两年的长征中，党的领袖和红军各级指挥员始终与普通士兵同甘共苦。每到生死关头，吃苦在前、冲锋在前的都是共产党员和各级领导干部。毛泽东同志除了生病以外，绝大部分时间里和普通战士一样在步行；朱德总司令多次把伤兵扶上自己的坐骑，自己却徒步前进；贺龙率部队过草地时，先行品尝哪些野菜可以吃，然后通报各部队。聂荣臻说：“红军打仗打的是干部，打的是党、团员。”正是党和红军各级领导干部清正廉洁、率先垂范的优良品质和自我牺牲精神，塑造了艰难困苦中红军的强大凝聚力，环境再恶劣、条件再艰苦，战士们也毫无怨言。

为最广大人民的利益而忠诚奋斗的政治力量，是不可战胜的。“得民心者得天下”，这既是红军长征胜利的根本原因，也是夺取政权和执掌政权的千古铁律。

[摘选]《汉语成语词典》，四川辞书出版社，1985 年版，第 833 页。

吊死抚伤 diào sǐ fǔ shāng

[释义] 哀悼逝者，抚恤伤残人员。多指关心人民生活疾苦。也作“吊死抚伤”“吊丧问疾”“吊死存疾”“吊死问疾”“吊死问孤”“哀死问伤”。

[出处]《淮南子·修务训》：“轻赋薄敛，以宽民氓；布德施惠，以振困穷；吊死问疾，以养孤孀；百姓亲附，政令流行。”

[启示] 人要有仁爱之心，国君更要有仁爱之心。国家对于民众之家中有困难或伤残的人，更要给予更多的关怀和照顾。作为一个国家的君主或领导，要多关心百姓的疾苦，把百姓的冷暖放在心上。

[示例] 汤是历史上有名的明君，有一天他到野外散步，看到有人四面张起网捕鸟兽，还祷告说：“从天上下来的，从四面八方来的，所有的鸟兽统统进入网内。”汤听了不禁感叹：“不能竭泽而渔啊！哪能把所有的鸟兽都打光啊?”于是汤去掉三面，只留一面的网。汤之仁德惠及鸟兽，四方诸侯听了大为震动，都投奔商，汤的势力日益壮大。

汤喜欢听人提意见，他说：“用水可以照人的影子，听了大家的意见，才知道国家治理得是好是坏。”汤灭夏建立商朝后，注意吸取夏朝灭亡的教训，告诫大臣们“殷鉴不远，在夏后之世”，要“毋不有功于民，勤力乃事”。相传天大旱，五年不收，汤“剪其发，枥其手以身为牺牲，用祈福于上帝”，百姓高兴，天受感动，普降大雨，旱情乃解。商汤统治时期，国土面积越来越大，是当时世界上少有的文明大国。

[摘选] 《汉语成语源流大辞典》，开明出版社，2009 年版，第 278 页。

因时制宜 yīn shí zhì yí

[释义] 根据不同时期情况，采取适当措施。形容准确把握时机。

［出处］《淮南子·氾论训》："器械者，因时变而制宜适也。"一说出自《汉书》，此书较晚，不足为源。

［启示］一个众所周知的事实就是，客观世界总是在不断地变化发展之中，唯一不变的就是客观世界的变。上述事实提示我们要根据不断变化的客观事实和情况，制订可行的策略，应对不断变化的客观情况。做事情的最佳时机就蕴含在变化着的情况中，所以要准确把握时机，及时将事情做好。

［示例］清·魏源《圣武记》第 11 卷："为政贵因时制宜。"

［摘选］《成语大词典》，商务印书馆，2009 年版，第 1209 页。

因事制宜 yīn shì zhì yí

［释义］根据不同的事情或事务，采取相应的措施。也作"因变制宜"。

［出处］由"因时制宜"衍生而来。

［启示］事事有矛盾，每一个变化着的事物都有其独特的矛盾。不同事物之间的矛盾必然也不相同，这就是矛盾的特殊性。矛盾的特殊性告诉我们，要解决事物发展中的矛盾，必然要根据每一个事物不同的矛盾，采取相应的策略和措施，才能解决好矛盾。不能千篇一律，不考虑事物的特殊性，所有的问题都用一个办法解决。

［示例］唐·王彦威《东都庙主之文》："王者遭时为法，因事制宜，苟无其常，则思其变。"

［摘选］《汉语成语源流大辞典》，开明出版社，2009 年版，第 1396 页。

因地制宜 yīn dì zhì yí

［释义］根据不同地区的具体情况，制订相应的措施。也作"随地制宜"。

［出处］由"因时制宜"衍生而来。

［启示］不同地区，其风土人情、历史发展、经济社会发展状况都不会相同，正是这些地区之间的差异，才组成各不相同的各个地区。对于一个国家而言，由不同的地区组成，那么，制定政策时，就要根据各个地区不同的实际情况，制定不同的发展策略。

［示例］清·章学诚《为毕秋帆制府撰常德府志序》："爰求前迹，有若马伏波，应司隶之流，制苗蛮于汉世；李习之、温简舆其人，兴水利于唐时；因地制宜，随时应变，皆文武长吏前事之师。"

［典故］

尾生之约

小伙子尾生和一姑娘相好，约定在村外小河的桥柱子旁见面。这天，尾生早早来到见面地点，耐心等着姑娘。

他靠在柱子上，面带微笑，默默想着见面时的情景；想着下次见面的时间、地点。他陶醉了，不觉时间过去，仿佛姑娘该出现了，才从朦胧的想象中清醒过来。这时，桥下的水不知什么时候涨起来，浸湿了他的鞋子。走吧，但想到姑娘要是来了……他没有走。

水势出乎意料涨起来，漫过双腿，漫过腰胸。桥上有人大喊："快跑！快跑！再不跑就淹死了！"

尾生觉得身体要浮起来，水似乎要把他冲走。他用力抱紧桥柱子，眼睛看着远方，期盼着姑娘的出现。

水越涨越高，漫过耳目，漫过头顶，尾生的发髻散乱地漂在水面上……

当水涨停回落后，再也没有见到尾生，只有桥柱子稳稳地立在那里。

［摘选］《汉语成语源流大辞典》，开明出版社，2009 年版，第 1396 页。

拨烦理乱 bō fán lǐ luàn

［释义］拨：治理，整顿。指治理繁杂混乱，使政局稳定正常。也作"决烦理絮""治烦决乱"。

［出处］《淮南子·主术训》："今人之才，或欲平九州，并方外，存危国，继绝世，志在直道正邪，决烦理挐。"

［启示］事情发展有时可能会超出我们的预计和计划，出现一些混乱甚至难以理清的情况，针对这些情况，不能慌乱，而是应当冷静下来，认真分析状况出现的原因，制定可行之方法使局面稳定下来，步入正轨。

［示例］三国魏·麋元《讥许由》："若夫浊时昏，上无贤君，忠臣不出，小人聚群，即当拨烦理乱，跨腾风云，光显时主，拨济生民，何得偃蹇，藏影蔽身。"

［摘选］《汉语成语源流大辞典》，开明出版社，2009年版，第72页。

任其自流 rèn qí zì liú

［释义］对人、对事不加约束或引导，听其自由发展。多就坏的情况而言。也作"听其自流""听其自便""听其自然""听任自流""听之任之"。

［出处］《淮南子·修务训》："夫地势水东流，人必事焉，然后水潦得后行；禾稼春生，人必加功焉，故五谷得生长。听其自流，待其自生，则鲧禹之功不立，而后稷之智不用。"

［启示］《淮南子》中的"无为"不是"毫无作为"，什么事情都不做的消极避世，而是"不乱作为"，是符合自然规律和事物发展规律情况的"有为"，这一点在今天依然有启发意义。在我们的发展过程中，不能违背规律，眉毛胡子一把抓地胡乱作为，而是要根据经济发展规律，在符合规律条件下的"有为"。

《淮南子·修务训》的意旨就是勉励人们，特别是为政者奋发进取，为人民谋利益。作者在反对"寂然无声，漠然不动"的"无为"观的同时，提出了自己的"无为"观，那就是"私智不得入公道，嗜欲不得枉正术，循理而举事，因资而立功。权自然之势，而曲故不得容者"。这种"无为"就是遵循规律、顺应自然。即在做事行事中不得掺入私心杂念，在处事举事中不得容纳奸诈虚伪。就像这水往低处流，必定是顺西高东低的地势往东流，但这种顺应自然并非“听其自流，待其自生”，还必须有“人”在其中发挥积极作用，即“人必事焉”，决不能有违背自然的做法。

正如《淮南子·原道训》所言：“所谓无为者，不先物为也；所谓无不为者，因物之所为也；所谓无治者，不易自然也，；所谓无不治者，因物之相然也。”在此，把“无为”作了扩大化理解，而把“有为”作了限定理解：凡是按照事物发展的客观规律做事情，就属于“无为”范畴；而违背自然规律的行为则属于“有为”范畴。这与现今通常意义上的“无所作为”大相径庭。自道家创始人老子提出“无为而治”的思想之后，对这一思想作系统总结和深刻发展的当是《淮南子》。

［示例］刘少奇《论共产党员修养》：“有些党员放任党内某些缺点、错误和各种坏的现象不管，而任其自流地发展。”

［摘选］《新华成语大词典》，商务印书馆，2013 年版，第 1246 页。

时移俗易 shí yí sú yì

［释义］移：变动；易：改变。时代变了，社会风气也变了。指时世、风俗等都起了变化。也作“时移世易”“时移事迁”“时移势殊”。

［出处］《淮南子·齐俗训》：“是故世异则事变，时移则俗易。”

［启示］不同的时代，客观情况必然也不一样，在相异的情况之下，其风俗习惯和社会制度也可能不同。这就要求我们随着时间的变化，要对发展和解决事物的方式方法也随之而变化。不能在时代已经不同的情况下，依然抱残守缺，固守过去的经验和方法不变。

《淮南子·齐俗训》发挥了《庄子·齐物论》的思想，认为人性至善，要注重教化。“人之性无邪，久湛于俗则易”。对民族、民俗问题，要承认差别，以“不齐”为齐，统而包容之。衣服必须适应四季的变化而不同，礼制必须适应时代的发展而变化。世道不同，行事就要改变，时代不同，习俗就要改变。因此，不能效法前人已经成文的法规，而要效法先贤用来制定法规的方法。所用来制定法规的方法，能够随万物的发展而变化，最可贵的东西就存在其中了。

［示例］明·文徵明《寄题瑞州清风亭》："瑞洲山色照江青，瑞洲太守风泠泠，时移事换太守去，清风自萌山间亭。"

［摘选］《新华成语大词典》，商务印书馆，2013 年版，第 1354 页。

取予有节 qǔ yǔ yǒu jié

［释义］获取和给予是有节制的，比喻不苟贪得。

［出处］《淮南子·本经训》："四时者，春生夏长，秋收冬藏；取予有节，出入有时；开阖张歙，不失其叙，喜怒刚柔，不离其理。"《淮南子·主术训》："故有仁君明主，其取下有节，自养有度。"后世将两段语意合而用之，遂为成语。

［启示］《淮南子·本经训》指出要爱惜民力，体恤民情。要掌握春夏秋冬的变化，春天播种，夏天生长，秋天收获，冬天贮藏；取予有一定的节令，出入也应有相应的时期；开闭张合按照次序，喜怒刚柔依循道理。而《淮南子·主术训》中进一步强调，英明的君主向下征收赋税，要有所节制，自己的生活供给要有规定的标准。书中的这些观点，至今仍不失借鉴意义。

［摘选］《汉语成语大全》，商务印书馆，2011 年版，第 1217 页。

虎狼之势 hǔ láng zhī shì

［释义］形容极凶猛的声势。

［出处］《淮南子·要略》："孝公欲以虎狼之势而吞诸侯，故商鞅之法生焉。"

［启示］《淮南子》主张，圣人治政要懂得张与弛、物极必反的辩证关系。要采用"兼用、财制"，亦即兼收并蓄、择善而从的办法，才能避免失败。比如秦国，贪狠如狼，竭尽武力，缺少大义，而追逐利益。黄河为天险，周边有要塞，地理形式有利，战备积蓄充足。秦孝公想以虎狼般的优势，来吞并天下诸侯，因此商鞅变法的思想便产生了。

［示例］《汉语成语大全（第 2 版）》："吴国渐渐强大起来之后，吴王

阖闾就摆出一副虎狼之势，欲吞并越国。”

［摘选］《汉语成语大全（第 2 版）》，商务印书馆，2011 年版，第 640 页。

贵冠履，轻头足 guì guān lǚ，qīng tóu zú

［释义］比喻主次或轻重颠倒。

［出处］《淮南子·泰族训》：“今重法而弃义，是贵其冠而忘其头足也。故仁义者，为厚基者也。”

［启示］凡事都有个轻重缓急，在时间和精力都有限的情况下，要分清轻重缓急，将主要的时间和精力集中在最需要、最重要的事情上，不能主次颠倒，分不清轻重缓急。

《淮南子·泰族训》强调，圣人治政要注意掌握根本，不能舍本求末。“治之所以为本者，仁义也；所以为末者，法度也。”不致力于修治根本，而务求治理末节，犹如放弃树根而浇灌树叶。法令的产生，是用来辅助仁义的。假如重视法律而放弃仁义，就像珍视鞋帽而忘记手足。仁义是治理国家的深厚基础，“根深即本固，基美则上宁”。

［摘选］《汉语成语大全（第 2 版）》，商务印书馆，2011 年版，第 583 页。

畋不掩群 tián bù yǎn qún

［释义］畋：打猎；掩：尽。打猎时不把整群的鸟兽全部捕杀。比喻做事留有余地。

［出处］《淮南子·主术训》：“故先王之法，畋不掩群。”

［启示］捕鱼时候，不能涸泽而渔。民间有句俗语，做任何事都要给自己留条后路，不能把事做绝。

《淮南子·主术训》为后世描述了一幅我国古代劳动人民保护自然生态平衡的美好图景：农民饲养马、牛、羊、犬、猪、鸡，按时令种田植树，修整田地，养种桑麻。土地肥力各有不同，应按其所适宜去栽植不同的品种。丘陵、山地不宜种庄稼，就植树养竹。春季才干枝，夏季采果实，秋天收粮储菜，冬天砍柴，以备人民生活。所以，先王之法，打猎的不能把野兽都捕尽了，不猎取小动物。不能把水放干而捕鱼，更不能烧林打猎。

这段话揭示了不违农时季节，因时因地进行种树伐木渔捞猎捕等农业生产活动，以实现自然生态平衡的朴素的唯物辩证思想，蕴含哲理，令人深思。

［摘选］《古今汉语成语词典》，陕西人民出版社，1985 年版，第 562 页。

持平之论 chí píng zhī lùn

［释义］持平：主持公平，不偏不倚。指公平的议论；调和折中的言论。

［出处］《淮南子·主术训》："使人主执正持平，如从绳准高下，则群臣以邪来者，犹以卵投石，以火投水。"一说语出《汉书·杜延年传》。《汉书》较晚，当以《淮南子》为源。

［启示］说话，做人，做事，都要不偏不倚，坚持公平公正的原则，符合一般的社会风俗习惯和民众的普遍认知。不能违背良知和理性，违背基本事实做出让社会和大多数民众难以接受的事情。

［示例］《官场现形记》："……此乃做书人持平之论；若是一概抹杀，便不成为恕道了。"

［摘选］《汉语成语源流大辞典》，开明出版社，2009 年版，第 837 页。

轻徭薄赋 qīng yáo báo fù

［释义］轻、薄：减少，量小。徭：指劳役，力役。赋：田地税。指统治者加在人民身上的负担比较轻。也作"轻邢薄赋""宽赋薄征""省刑薄敛""省役薄赋""缓赋轻徭""薄税轻徭""轻赋薄敛""省徭薄

赋”。

［出处］《淮南子·修务训》：“汤夙兴夜寐，以致聪明，轻赋薄敛，以宽民氓。”一说出自东汉·班固《汉书·昭帝记》，此书较晚，不足为源。

［启示］与民休息，减轻人民群众的负担，才能让民众过上幸福的生活。作为社会的统治者，不能随意加重民众的负担，使民众苦不堪言，难以承受。

《淮南子·修务训》中的“修务”就是勉励人们要致力于事业，及时奋进，为救济万民而立功。神农氏教导百姓播种五谷，尝百草滋味，品水泉甘苦，以通告百姓。尧建立孝慈仁爱的道德规范，对待百姓像自己的子弟一样。舜教民造屋，让百姓离开岩洞，安居乐业。禹疏通长江、黄河，治理水患，“三过家门而不入”。汤轻纳赋税，少征财物，让百姓富裕。这五位圣君，“不忧命之短，而忧百姓之穷”，世代受人称道。

［示例］三国魏·曹植《汉景帝赞》：“景帝明德，继文之则……省役薄赋，百姓殷昌。”唐·钱起《送元中丞江淮转运》：“薄税归天府，轻徭赖使臣。”

［摘选］《汉语成语源流大辞典》，开明出版社，2009年版，第955页。

结党营私 jié dǎng yíng sī

［释义］结成团伙，谋取私利。也作“营私植党”“结党徇私”“囊私植党”“植党擅私”。

［出处］《淮南子·氾论训》：“昔者齐简公释其国家之柄，而专任其大臣，将相摄威擅势，私门成党，而公道不行。”一说出自《新唐书·萧至忠传》：“时楚客怀奸植党”，一说出自南宋朱熹《戊申封事》：“宰相植党营私，孤负任使”，一说出自清纪昀《滦阳消夏录四》：“此辈结党营私，明求进取，以同异为爱恶，以爱恶为是非……”这些较晚的书籍只是引用《淮南子》中“摄威擅势，私门成党”之意而用，不足为源。

［启示］道不同，不与之谋。反之，如果有共同的目标，为了共同的事业，大家一起共同努力奋斗，是我们应当予以赞成的；但是，如果是为了非法的目的和小团体的私利，互相勾结在一起，最终必然损害大多数人的利益，是为法律和社会所不容许的，最终必然会失败。

［摘选］《汉语成语源流大辞典》，开明出版社，2009 年版，第 955 页。

结党连群 jié dǎng lián qún

［释义］指性格和志趣相投的人聚集在一起，结合成党派或集团。也作“结党聚群”“结朋植党”“挟朋树党”“结徒聚党”“结党连朋”“分朋植党”“合党连群”“聚党成群”。

［出处］由“结党营私”衍生而来。一说出自东汉张衡《西京赋》；一说出自南朝梁沈约《宋书·夷蛮传》。二书皆引《淮南子》之词意而用，不足为源。

［启示］性格和志趣相投的人在一起，如果不损害国家、集体、社会以及他人的利益的话，是允许的；反之，是我们应当反对的。

［示例］《宋书·谢灵运传》：“或轻死重气，结党聚群；或勇冠乡邦，剑客驰逐。”宋熊克《中兴小记》：“恐分朋植党，非国家之福。”

［摘选］《新华成语大辞典》，商务印书馆，2013 年版，第 7222 页。

家到户至 jiā dào hù zhì

［释义］每家每户都到达。多形容事物普遍流行。

［出处］《淮南子·泰族训》：“四海之内，……重泽而至，非户辩而家说之也。推其诚心，施之天下而已矣。”一说语出汉代刘向《列仙传·负痫先生》：“后大疫病，家至户到，与药，活着万计，不取一钱。”此书较晚，且取《淮南子》中“重泽而至”“户辩家说”之意而用，不足为源。

［启示］任何一个流行的事物都有着其自身的特点，既然影响到大多

数人，那就必然有其原因。不过，并不是任何流行的事物就都是好的，要具体问题具体分析。

[示例] 唐杜牧《上淮南李相公书》："吏不敢欺，法能必束，上行下效，家到户至，闾里安泰，史册未闻。"

[摘选] 《汉语成语源流大辞典》，开明出版社，2009 年版，第 599 页。

积羽沉舟 jī yǔ chén zhōu

[释义] 羽毛虽轻，积多了也能把船压沉。比喻细微的东西可汇成巨大力量；也比喻坏事虽小，积累下去会产生严重后果。

[出处]《淮南子·缪称训》："小不善积而为大不善，是故积羽沉舟，群轻折轴，故君子禁于微。"(《战国策》中也有此话)

[启示] 千里之堤毁于蚁穴。我们不可轻视细节和细微的东西，也就告诫我们，要从一点一滴的小事做起，从细节着手，坚持下去，无数件小事和细节方能成就后来的大事业。在日常工作和生活中，也应当重视小事。

[示例] 清·唐孙华《述古》："谗口成铄金，沉舟由积羽；苍蝇正群飞，白壁无完素。"

[典故]

张仪说魏

战国时期，诸侯称霸天下。有识之士提出了两种主张，即"合纵"和"连横"。前者主张弱国联合抗击强秦，后者主张弱国跟随秦国征服其他弱国。当时齐、楚、燕、赵、韩、魏六国之间的合纵盟约十分牢固，秦国的相国张仪发觉后，便辞去职务，来到魏国，准备劝魏王退出纵约。

张仪得到魏襄王信任，被任命为相国。但魏襄王知道秦国野心很大，不讲信义，所以不愿联合秦国。秦王闻之大怒，一面派大军袭取魏地，一面派人暗中不断厚赠张仪财宝。

四年后，魏襄王逝世，儿子哀王继位。张仪又劝说魏哀王投秦，也遭拒绝。张仪便暗中要秦国进攻魏国，魏国战败了。第二年，秦国先把韩国的军队打个落花流水，使其他诸侯为之震惊。张仪借机说服魏哀王依附秦国。他从分析魏国的地理形势、兵力状况、目前处境、“合纵”协约不可信等不利条件入手，最后以“积羽沉舟”作比喻，指出魏国如果忽视这些不利因素，就会像轻的羽毛大量堆积能压沉大船一样，遭到覆亡的危险。魏哀王终于听从了张仪的劝说，背离“合纵”协议，请求和秦国“连横”。

[摘选]　《汉语成语源流大辞典》，开明出版社，2009 年版，第 537 页。

胶柱鼓瑟 jiāo zhù gǔ sè

[释义] 柱：瑟上调节声音的短木；瑟：一种乐器。是用胶把柱子粘住以后而奏，柱不能移动，就无法调弦。比喻固执拘泥，不知变通。也作“胶柱调瑟”“胶瑟”“胶柱”。

[出处]《淮南子·齐俗训》：“义者，循理而行宜也；礼者，体情制文者也。今握一君之法籍，以非传代之俗，譬由胶柱而调瑟也。”（《文子》上也有此话）

[启示] “义”本来的含义是适宜，“礼”本来的含义是体现情感。《淮南子·齐俗训》举例说，过去扈氏被启杀害，是因为他不知道“义”还要适合、适宜；鲁国日益衰弱，是因为国军不知道“礼”要体现真情实意。

虞氏、夏后氏、殷氏、周人，这四代的礼法，因时代变迁而发生很大变化，就像服饰也各有不同，都体现了亲疏的感情和上下的人伦。现在如果死抓住一国之礼法，否定、非难时代变化的礼俗，就好像胶住弦柱而想调瑟一样。英明的君主制定礼仪好比做衣裳，合体、合乎常规即可，不必追求奇异的外表和剪裁上的花哨。因此，制定礼仪的根本要求，是帮助人民规范思想道德，没有必要拘泥于儒、墨的那一套伦理。

[示例] 南朝梁·沈约《注制旨连珠表》：“守株胶瑟，难与适变。”清·林昌彝《阅世》：“服参必求上党参，帚敝柱胶讹杀人！”

［典故］

齐人学瑟

有个齐国人跟赵国人学弹瑟，由赵国人先调好了弦，齐人就将调弦的短柱子用胶粘住了回家。时间长了，柱子脱胶松动了，也不去调弦，结果三年弹不成一首曲子，那个齐人反而埋怨赵国人。后来，有个也跟赵国人学艺的人来到齐人这里，询问他埋怨的原因，才知道前面这人实在蠢。

［摘选］《汉语成语源流大辞典》，开明出版社，2009 年版，第 584 页。

诽誉在俗 fěi yù zài sú

［释义］诽谤或赞扬当时的风习。后来引申指风气、习惯的作用非常大。

［出处］《淮南子·齐俗训》："故趋舍同，诽誉在俗；意行钧，穷达在时。"

［启示］不同的时代，民众的认知和社会主流的认知可能不同，这就可能导致不同的风俗习惯。但是，我们应当认识到的是，习惯的力量是巨大的，其对后续时代可能会产生影响，这些影响不同，后代的人的认识也不同。

［摘选］《汉语成语源流大辞典》，商务印书馆，2011 年版，第 475 页。

梧桐断角 wú tóng duàn jiǎo

［释义］梧桐虽是柔木却可以断坚硬之角。比喻柔能克刚。

［出处］《淮南子·说山训》："厉利剑者必以柔砥，击钟磬者必以濡木，毂强必以弱辐，两坚不能相和，两强不能相服。故梧桐断角，马牦截玉。"（有的成语词典未注明出处）

［启示］水滴石穿，铁杵磨针。我们做任何事情，只要能坚持，持之以恒，克服困难，总能够取得一定的效果。

磨砺利剑要用细软的磨刀石，敲击钟磬要用柔软的木棒，车毂坚硬要用柔软的辩证思想。《淮南子·说山训》用这些常见的实例，论述了以柔克刚的辩证思想。《淮南子》提倡的柔弱，是姿态上的柔弱，是把坚强的信念和强大的力量化为柔弱的姿态、柔韧的行为、包容的性格，就像水那样。天下万物中，没有比水更柔润的了。

水大无尽头，深不可测。长达无穷无尽之地，远润无边无际之中。水的生息蒸发，增多减少，到了无法计量的程度。水上天则为雨露，下地润泽草木。万物得不到水而不生，万事得不到水则不成。水施恩泽，从无怒气怨声，不求回报感恩，让天下人取用不完，而又源源不断地奉献。击打水没有伤痕，抽刀断水水不断，用火烧水水不燃。水无论流向何方，都能在低洼处聚集，不离不散。论锋利，则水滴石穿；论温柔，能润物无声。在太空翱翔，在江海奔涌，在原野飘洒，在小溪吟咏，在山谷流连。任天地索取，任时间耗减。给予不分先来后到，施舍从无私心杂念。与万物共始终，同天地相连接。

水成就了世上最高德行，即润泽柔软。

［典故］

老子与商容

传说有这样一个故事：老子来看望他的老师商容。商容张开嘴巴问老子："我的舌头还在吗?""还在。"商容又问："我的牙齿还在吗?""全部都掉光了。"商容继续说："你明白其中的含义吗?"老子回答："明白。老师是在教导我，柔软的东西比强硬的东西更有生命力。"

［摘选］《中华成语大辞典》，商务印书馆，2009 年版，第 1572 页。

悬鼗建铎 xuán táo jiàn duó

［释义］鼗：俗称"拨浪鼓"。只听取臣民意见。

［出处］《淮南子·氾论训》："禹之时，以五音听治，悬钟鼓磬铎，置鼗，以待四方之士。为号曰：教寡人以道者击鼓，谕寡人以义者击钟，告寡人以事者振铎，语寡人以忧者击磬，有狱讼者摇鼗。"

［启示］兼听则明，偏信则暗。听取不同的意见，能够加深对事物的认识，有利于我们解决问题。

［摘选］《中华成语大辞典》，商务印书馆，2009年版，第1676页。

［典故］

谏鼓谤木的由来

尧当政时期，经常出宫体察民情，远则深入到四方边境，近则在赌城各处。

时值夏日，天气炎热，尧出宫看到街道边有几个人依偎在一处，衣衫不整，形容枯槁。尧心生怜悯，令侍从买来馒头散于他们。看到他们不像本地人，尧就问个究竟："你们是哪里来的?"那几个人只管吃，不作答。再欲问时，他们竟然走了。过了几条街，尧又见到类似情况，心想是哪里受灾了吧。

尧的随从打听到一处流浪百姓聚集处，那些人见尧仪表非凡，都畏首畏尾不敢靠近。尧和气地问："老乡，你们为何都流落街头?"大家都缄默不言。尧说："不要顾忌，有什么困难就说出来，让你们受苦就是我的失职。"大家见这位官员言辞恳切，不再顾忌。那老者说："这是我孙子，我们都是东都海边上的，今年暴雨多，河水泛滥，几个庄子被淹了。听说王城富足，希望来这里讨饭渡过难关。""你们遇到这样的灾难为何不向上禀明?"尧问。那老人摇摇头说："我们希望面见君主，去了几次都被挡在宫门外。守卫还说，再去就以作乱为由将我们投入大牢。""老人家，放心吧，我不会让你们无家可归的!"尧坚定地说。

回宫后，尧随即派大臣为灾民搭建临时住所，又考虑为他们重建家园。尧想，百姓遭难，若不是我出门撞见，他们会饥餐露宿多久！平时那些日常之事我还不知有多少被蒙蔽呢！身居高位就耳目不通，百姓疾苦不能及时觉察，做国君就是失职呀！于是尧想了一个办法，下旨在宫门口和各大路口人流比较多的地方，设立木柱，天下百姓的疾苦意见都可以写在木柱上，称为"诽谤木"。近处的尧随时去查看，远方的就定期命官员去收集。

有一次，一位戍边官员求见尧。宫中侍卫看他官小，量无大事，不去传报。那人只得挥泪离去。没过多久边境告急，尧派兵安抚，才得知那儿的戍守官员曾上报军情，被挡在宫外。于是尧命人在宫门口设一面大鼓，有急事的人就可以直接击鼓求见。鼓声传进宫中，尧王便知，不至于误事。

果然，谏鼓谤木设立之后，国人上下舞步称赞。朝野上下的风气改善了许多。地方百官纷纷追随尧，在各自的府门旁置谏鼓、立谤木，百姓能及时充分地享受自己的话语权，社会政治清明，天下和谐太平。

［摘选］《汉语成语词典》，四川辞书出版社，1985 年版，第 402 页。

推诚相与 tuī chéng xiāng yǔ

［释义］推诚：以诚意待人。指以诚恳的态度跟别人相处和交往。也作“推诚相信”“推诚待物”“推诚与人”“推诚相见”。

［出处］《淮南子・主术训》：“故圣人……报德推诚，天下从之，如响之应声，景之象形，其所修着本也。”（景：通“影”）《吕氏春秋・慎行》：“凡乱人之动也，其始相助，后必相恶；为义者则不然，始而相与，久而相信，卒而相亲，后世以为法程。”后世将“推诚”“相与”合而用之，遂为成语。

［启示］人与人交往，最重要的是坦诚相待，互相欺骗最终都不会长久。

［示例］矛盾《虹》：“如果人家能够推诚相与，那她即使受点牺牲，也很甘心。”

［摘选］《汉语成语源流大辞典》，开明出版社，2009 年版，第 1188 页。

推心置腹 tuī xīn zhì fù

［释义］指真心实意地待人。也作“推诚置腹”。

［出处］《淮南子・泰族训》：“推其诚心，施之天下而已矣。”《东观

汉记·光武皇帝》："萧王（更始封光武刘秀为萧王）推赤心置人腹中，安得不投死！"后世将"推其诚心"与"置人腹中"合而简用，遂为成语。

［启示］以诚相待，换取真心。交往过程中，要想成为真正的朋友，必然是交心的朋友，这就需要双方真正地以诚相见，不隐瞒、不欺骗。

［示例］唐·白居易《七德舞》："功成理定何神速？速在推心置人腹。"明秦淮墨客《杨家将演义》："吾推诚置腹，何愁彼不宾服？"

［摘选］《新华成语大辞典》，商务印书馆，2013 年版，第 1487 页。

谏鼓谤木 jiàn gǔ bàng mù

［释义］谏鼓：相传尧曾在庭中设鼓，让百姓击鼓进谏；谤木：相传尧在交通要道立木牌，让百姓在上面写谏言，也叫表木。指广开言路，听取各方意见。

［出处］《淮南子·主术训》："故尧置敢谏之鼓也，舜立诽谤之木。"

［启示］多数人的意见往往会全面反映事物的本来面貌，也能够最大程度上照顾到大多数人的利益，因此，在事关多数人利益的事情上，要征求多数人的意见。以避免陷入少数人的专断。

古代天子上朝听政，有公卿正面进谏，博士朗诵读歌，乐师规劝告诫，平民百姓的街市议论由有关官吏报告君主，史官记载天子的过失，宰臣减少天子膳食以示思过。尽管这样，天子对这些监督仍嫌不足。所以尧设置供进谏者敲击的鼓，树立供人们刻写意见的木柱，汤设立监察官员，武王备用警诫自己谨慎的摇鼓。他们做好防备的措施，生怕出现细微的过失。《淮南子·主术训》列举了这些史例后，告诫人们：对于善事，"无小而不举"；对于过失，"无微而不改"。

［示例］南朝·范晔《后汉书·杨震传》："臣闻尧舜之时，谏鼓谤木，立之于朝。"

推陈布公 tuī chén bù gōng

［释义］布：表明。指以真诚、公正之心待人。也作"推诚布信"

“开诚布公”“开诚相见”。

［出处］《淮南子·主术训》：“抱德推诚，天下从之。”《淮南子·泰族训》：“推其诚心，施之天下而已矣。”宋·杜范《经筵已见奏札》：“明谕大臣推陈布公，毋使人疑其寻宝绍之旧辙也。”后世将“推诚”“布公”合而用之，遂为成语。一说语见宋王致远《开禧德安受诚录》；一说出自宋杜范《经筵已见奏札》；也有的成语词典没有标明出处。

［启示］事情往往都是相互的，人与人之间也是如此。如果在互相交往过程中，对对方隐瞒欺骗，那么，对方也必然会隐瞒欺骗，双方永远不会得到自己所真正想得到的东西。如果，以真诚之心相待，也必然会换来真心相待。

［示例］元·王礼《石城县重修城池记》：“至县按兵亲诣各所，推诚布公。”

［摘选］《汉语成语大全》，商务印书馆，2011年版，第1510页。

绳之以法 shěng zhī yǐ fǎ

［释义］绳：即准绳，引申为标准、法则，又引申为按一定的标准去衡量、制裁。根据法律制裁。也作“绳之以刑”“绳以竣法”。

［出处］《淮南子·泰族训》：“若不修其风俗而纵之淫辟，乃随之以刑，绳之以法，虽残贼天下，弗能禁也。”一说出自《史记》。《史记》晚于《淮南子》，应以《淮南子》为源。

［启示］《淮南子》分析了“法”产生的原因和依据，认为“法者非天堕非地生，发于人间而反以自正”，“发生于义，义生于众适，众适合于人心”。即法律源于人类“自正”的需要，而“自正”的标准必须得民心。同时由于社会不断发展变化，应“论世而立法，随时而举事”，“不法其已成之法，而法其所以为法”。

法律是正义的体现，法律制定以后，执法应当公正。“中程（符合奖赏制度程序）者赏，缺绳（触犯法律法规）者诛”，不论尊卑贤愚，都应当按照法律制度进行奖赏或惩罚。其中“尊贵者不轻其罚”“犯法者虽贤必诛”，可谓是衡量执法公正与否的两条最重要原则。尊贵者不能因为其社会地位或手中权力而徇私枉法；贤能者在个人表现上虽一向看好，也不能以此为资本而逍遥法外。

《淮南子》认为：执法公正最重要的保障，是要求君主必须是守法的楷模。“人主之立法，先自为检式仪表，故令行于天下”，“所立于下者不废于上，所禁于民者不行于身”。身正才能令行。执法者必须有“德”，否则，法律会成为以权谋私、权钱交易的工具，法律的公正性就难以实现。正如孔子所言，“其身正，不令而行，其身不正，虽令不从”。执法公正还涉及公正如何被确保的问题，如果没有保证执法公正的相应制度，“绳之以法”就只是一句空话。“天下之事，不难于立法，而难于法之必行。”

法律的主要功能是通过外在的强制性手段禁民非法，依法治国还需要从内在的道义教化上促进人心向善。这些理念，对于当今科学立法、严格执法、司法、全民守法都具有可贵的借鉴意义。

［示例］《史记·减宣传》：“其治末盐，事大小皆关其手，自部署县名曹实物，官吏令丞不得擅摇，痛以重法绳之。”

［摘选］《新华成语大辞典》，商务印书馆，2013 年版，第 1340 页。

智圆行方 zhì yuán xíng fāng

［释义］圆：圆满，周全；方：端正，不苟且。知识要广博周备，行事方正不苟。

［出处］《淮南子·主术训》：“凡人之论，心欲小而志欲大，智欲圆而行欲方，能欲多而事欲鲜。”

［启示］一个人如果具有渊博的学识，同时做事又能够坚持原则和公正。这种人是我们所寻找和需要的人才，而人才对于一个国家来说，是非常重要的，毕竟，国家的治理和发展都需要大量的人才。

［示例］明·张居正《襄毅杨公墓志铭》：“维公之德，智圆行方，忠不近名，言不泥常。”

［典故］

因棋赋诗

唐代名臣李泌，七岁时因棋赋诗的故事，一直被传为奕林佳话。

唐玄宗李隆基是个多才多艺的皇帝。有一夜，他想要遍观天下贤士，就亲自坐在一座高楼上，下令在楼下摆上酒食，广设座位，召儒、佛、道三教高士共同讲论学问，辩论三教优劣。李泌有一个表哥，时年九岁，也偷偷穿上儒服，坐在大人中。开讲后，他词锋敏锐、辩论精微，满座皆惊。唐玄宗非常惊讶，把他召到楼上，问他的亲戚、学友中，还有没有像他这样才学兼备的神童。他回答说："我的表弟李泌，年方七岁，已遍观经史，而且心思敏捷，他比我可要强多了。"唐玄宗听了更为惊讶，就命令中使想办法把李泌带到宫中来。并再三叮嘱，这件事不要让李泌的家人知道。

第二天早晨，中使来到李泌家门外，找个地方隐藏起来。过了一会儿，李泌出来玩，中使猛然扑上前去，把他背起来就往宫里跑——强悍！

到了宫中，唐玄宗正与宰相张说下棋。玄宗见李泌唇红齿白，双目有神，十分讨人喜欢，当下便命令张说和李泌比赛作诗，以围棋为题，要咏出方圆动静的诗意。张说先作诗一首："方如棋盘，圆如棋子，动如棋生，静如棋死。"张说见李泌年纪幼小，便用大人教小孩的口吻向他解释说："诗就是这种作法，要扣住方圆动静的喻义。"

"这太容易了！"李泌马上便念了起来："方如行义，圆如用智，动若聘才，静若得意。"

玄宗大为惊喜，把李泌揽到怀里，爱抚备至，又命中使赏给他许多果子，带他到皇宫各院游玩。直到两个月后，玄宗才命令中使把李泌送回家去，并下旨说："这孩子年龄太小，还不能给他官职。"又嘱咐李泌的父母要用心教子，使其将来成为国家的栋梁之材。

后来，李泌果然不负众望，成为肃宗、代宗、德宗三朝皇帝最主要的谋臣和实际上的宰相。在"安史之乱"中，李泌对内运筹帷幄，辅佐朝廷，对外筹划战略，克敌制胜，为唐朝的平叛事业立了大功，被封为"邺候"。

［摘选］《汉语成语大全》，商务印书馆，2011 年版，第 1610 页。

后　记

《淮南子》作为淮南王刘安组织编撰的一部巨著，影响甚大，对先秦诸子百家理论进行批判、总结和归纳，为新朝西汉提供合乎时代需要的治国方略。《淮南子》思想并没有对法家思想进行全盘地吸收，而是有批判地继承，并且形成了独树一帜的法治思想。

市场上关于《淮南子》的书籍有两类：一类是纯学术性的研究；另一类是对个别成语或故事的解读，通俗性、演绎类书籍。由于本书在立足于市场的同时偏向于学术，所以，与市场上已经出版的同类著作有一定的差别。本书以《淮南子》法治和治理思想的研究为起点，结合当今中国国情和实际形势，立足历史，着眼于现代的价值，进行深入的研究和解读。同时，在行文风格上，避免过度学术化，力争语言通俗易懂，使读者易于接受。

基于上述之论，本书在编写过程中着重强调以下几点：

首先，立足历史，着眼当下，放眼未来。本书对《淮南子》思想的解读和研究，并不固于故纸堆里寻思想，而是以解决现实问题为研究和解读皈依。

其次，重点突出，内容特色鲜明。本书重点在于《淮南子》的法治思想和治理文化，这是全书的重点，也是主干。即使是后一部分成语选择，都是与此有关。

再次，解读历史的语言既有一定的学术性，也要重点考虑到一般读者的可读性和理解能力。

本书的编写分工如下：前言、第一章、第二章、第三章、第九章以及成语部分的搜集和启示由谢璐撰写；其余各章主要由陈宏光、王昌盛、孙峰、唐兴来等撰写，最后由谢璐负责统稿和修改。

作　者

2017 年 12 月